KB274495

벼랑끝에서 기적을 이루다

박원출 지음

한국경제신문

최고를 지향하는 꼴찌의 몸부림

2004년 6월은 나와 우리 조폐가족에게 잔인한 달이었다. 2003년 경영 실적에 대한 정부투자기관 경영평가에서 13개 투자기관 중 13위, 꼴 찌를 한 것이다. 정부로부터 '기관경고'를 받았고, 언론으로부터도 뭇 매를 맞았다. 국민들의 시선 또한 곱지 않았다.

더 나은 회사를 만들기 위해 '변화'와 '개혁'에 기꺼이 동참해 주 었고, 지금 이 시간에도 세계 일류 조폐기업으로 도약하기 위해 땀 흘리고 있는 우리 직원들이다. 어려운 가운데서도 묵묵히 국가로부 터 부여받은 임무를 완수하기 위해 많은 노력을 경주해 온 우리 직 원들에게 송구스러웠다.

비록 불명예스러운 꼴찌에 머물렀지만 1등 못지않게 국가와 국민을 위해서 열심히 일했다는 점을 국민에게 알리고, 이해를 구해야겠다고 생각했다. 뼈를 깎는 아픔으로 '변화'와 '개혁'을 추진하고 있다는 점을 알리고, 박수는 못 받더라도 질책만은 면해야 했다. 이 길만이 상처 입은 조폐인의 명예를 다소나마 회복하고, 세계 일류 기업으로 도약하는 데 격려가 될 수 있을 것이라는 믿음에서였다.

사장으로 취임한 2002년 8월, 이 시기 조폐공사는 하드웨어적 구조조정을 마무리해서 국제수준의 가격경쟁력을 확보하는 등 괄목할 만한 성과를 이루었으나, 구조조정에 따른 후유증 또한 심각한 수준에 놓여 있었다.

구조조정 과정에서 있었던 노사분규의 여진이 가시지 않아, 직원 간의 갈등의 골은 깊고, 직원들의 사기도 애사심도 장인정신도 최저 수준이었다. 준비 없이 진행된 대규모 인력감축에 따라 숙련된 기술자가 일시에 많이 퇴직함으로써 기술공백이 심각해 제품 품질 문제는 계속 야기되고 생산성은 향상되지 않았다. 여기에다 정보화의 진전과 경기 활성화 지연으로 사업량까지 감소세에 있었다. 말 그대로 경영위기 그 자체였다.

주변 경영환경은 급변하고 사업량은 감소추세에 있음에도 품질경쟁력은 떨어지고 기술력도 답보상태였다. 이를 극복하기 위해서는 전 직원이 한마음이 되어 역량을 총집결해도 극복하기 어려운 경영위기 상황임에도 불구, 구성원은 갈등에 휩싸여 있고, 사기는 땅바닥을 헤매고 있었다.

외부의 적은 호시탐탐 노리는데, 내부 구성원은 분열되어 있는 격이었다. 얽히고 설킨 실타래를 어디서부터 풀어야 할까? 어떻게 이 난국을 극복할 것인가?

그 해답은 쉼없는 '변화'와 '개혁', 그리고 우선순위를 정해 추진하는 '선택'과 '집중'의 문제였다.

먼저 상시 자율혁신체제를 구축했다. '변화'와 '개혁'은 생활 속에서 일상적으로 지속되어야 하고, 위로부터의 개혁도 중요하지만 밑으로부터의 개혁도 중요하다는 데 착안을 두었다. 나를 포함한 경영진은 직원의 변화를 유도하고 역량을 결집할 수 있는 비전과 개혁의 방향을 제시하기 위해 '경영혁신위원회'를 구성했다. 그리고 현장의 생생한 의견을 경영혁신에 반영하기 위한 조치를 취했다. 중견직원 중심의 차세대 지도자 그룹(Post Leader Group)과 35세 이하 직원 중심의 젊은 도전자 그룹(Young Challenger Group)을 희망직원 중에서 선발해 구성한 것이다.

다음은 "무엇부터 변해야 하고 무엇부터 개혁해야 할 것인가?"라는 우선순위를 정하는 문제였다.

먼저 사람을 변화시키는 데 최우선 순위를 두었다. 직원 간 갈등의 골을 메우고 노사화합을 이루지 못하면 한 발짝도 전진할 수 없다고 생각했기 때문이다. 굳이 '사람중심 경영'이니 '인간존중 경영'이니 또는 '직원감동 경영'이니 하는 거창한 말을 쓰지 않더라도 사랑으로 화합하고 소명의식을 갖고 일할 수 있는 직장분위기를 만들어야 했다. 그리고 노사관계는 상대방을 '훼방꾼' 또는 '투쟁의 대상'이 아니라, 상호간 경영을 책임지는 동반자 관계라는 인식을 심어줘야 했다.

이와 같이 바뀐 사람과 노사화합을 바탕으로 기업문화를 긍정적·창조적·미래지향적으로 바꾸고, 관리 시스템을 혁신해 모든 부문에서 경쟁력을 향상시키고, 핵심역량을 키워 세계 일류 조폐기업으로 도약하는 기반을 다지기로 했다. 물론 이런 과제들은 우선순위에 크게 얽매이지 않고 상호보완적·동시다발적으로 추진했다.

일련의 '변화'와 '개혁'을 추진한 결과, 현재 많은 부문에서 과거에는 상상도 할 수 없었던 비약적 성과를 거두고 있다. 대표적으로 '정부투자기관 최초 주40시간 근무제 노사협상 타결'과 전사적인 경영성과 제고 운동인 '도약 Focus-136운동의 성공'을 들 수 있다.

주40시간 근무제 조기 타결은 정부투자기관 최초의 타결이라는 그 자체도 상징성이 있지만, 과거 조폐공사 노사관계를 감안할 때 놀라운 사건이다. 타결 내용 면에서도 월차휴가 폐지·연차휴가 축소·생리 휴가 무급화·탄력근무제 도입·선택적 보상휴가제 시행·동절기 근무시간 연장 등을 개정근로기준법 취지에 맞게 시행함으로써 다른 사업체의 귀감이 되었다.

'도약 Focus-136운동'은 영업적자 73억 원이 예상되고, 정부경영평가에서 꼴찌가 확정된 상황에서 시작한 일종의 경영성과제고 운동이자, 조폐인의 자존심 찾기 운동이었다. 우리는 '영업이익 136억 원 시현'과 '경영평가 6위 이상 달성'을 목표로 삼았다. 이는 노동조합의 협조와 직원의 동참이 없으면 불가능한 일인 것이다. 다행히 전직원이 이에 동참해 취지에 부합하도록 발 벗고 나서주었다. 일례로 인건비절 감을 위해 자발적으로 연월차휴가를 사용했고, 휴일근무수당까지 반납했다. 이러한 노력의 결과, 적자를 탈피하고 98억 원의 영업이익을 시현했다. 당초 목표에는 다소 미달했지만, 모든 직원의 피와 땀으로 이루어낸 값진 성과다. 그리고 "하면 된다, 할 수 있다"는 자신감을 얻었다는 데 많이 고무되었다.

앞으로도 지금까지 추진해 온 혁신을 안정적인 시스템으로 정착시켜 한국조폐공사가 명실공히 세계 최고의 조폐기관으로 우뚝 설 때까지 '변화'와 '개혁'을 멈추지 않을 것이다.

그 동안 '변화'와 '개혁'에 적극적으로 동참해 준 조폐인 모두에게 감사와 더불어 이 책을 바친다. 그리고 이 책이 출판되기까지 기꺼이 도와주신 한국경제신문 한경BP 관계자 여러분에게 감사 드린다.

2005년 2월

박 원 출

PART 3 관리 시스템 혁신

PART 5 고객은 황제, '조폐보국'은 우리의 존재 이유

PART

1

KOMSCO

멈출 수 없는 변화와 개혁

'변화'와 '개혁'의 주체는 사람일 수밖에 없고, 사람이 변하지 않고서는 어떤 일도 도모할 수 없다.

어느 조직에서든 잘 하려는 사람 5%와 뒷다리를 거는 사람 5%, 그리고 나머지 90%가 있다고 한

다. 나의 역할은 잘 하려는 사람을 5%에서 10%·20%·30%, 아니 95%까지 늘리는 데 있다고

생각한다.

구조조정의 성과와 미완의 개혁

구조조정은 마무리했지만…

1997년 말 외환위기로 시작된 IMF 체제는 우리 사회 전반에 걸쳐 엄청난 충격과 변화를 몰고 왔다. 많은 기업이 부도를 내고 쓰러졌으며, 실직자는 거리로 내몰렸다. 대기업·금융기관은 망하지 않는다는 이른바 '대마불사론(大馬不死論)'도 순식간에 붕괴되었다.

정부는 국가경쟁력 조기 회복을 통해 외환위기를 극복하고자 기업·노동·금융·공공의 4대부문 개혁을 강도 높게 추진했다.

정부의 공공부문 개혁방향은 민간이양이 가능한 일부 공기업과 출자회사를 조기에 민영화하고, 유사기관은 과감한 통폐합을 추진하며, 부득이 공기업으로 존속되는 기관은 조직·예산을 감축해 책임경영체제를 확립하도록 하는 것이었다.

우리 공사도 예외일 수는 없었으며, 생존을 위한 개혁에 나서야 했다. 국가적 공익사업을 주임무로 하는 업무 성격상 민영화 대상기관에서는 제외되었으나, 정부로부터 강도 높은 구조혁신을 요구받았다.

정부는 1998년 8월 4일 옥천조폐창을 경산조폐창으로 통합하는 것을 골자로 하는 한국조폐공사 경영혁신 계획(1998. 9. 26. 확정)을 발표했다. 그 배경으로는 1993년부터 매년 반복되는 노사분규로 인해 공신력을 생명으로 하는 조폐공사가 다른 기업의 모범이 되어야 함에도 불구하고, 만성 노사분규 기관에다 문제점이 많은 기관으로 전락해 국민으로부터 불신을 받고, 정부로부터도 질타를 받는 상황이었다. 설상가상으로 우리 공사의 경영여건은 경쟁력 악화와 사업량 급감 등으로 매우 심각한 수준이었다.

즉 경기침체 및 사업의 성장 한계 때문에 사업량은 급감하고, 이에 따라 대규모 잉여인력과 생산시설 여력이 발생했다. 또한 사업량의 감소는 인건비 등 고정비부담을 증가시켜 외국 조폐기관 및 민간 유사사업체에 비해 가격경쟁력이 취약했다. 일거리가 없어 사람은 놀고 기계는 가동이 중단된 상황임에도 인건비 등의 고정비는 계속 지출되다 보니 적자가 불가피했던 것이다.

이러한 경영위기를 극복할 수 있는 방안으로 옥천조폐창을 폐쇄해 경산조폐창으로 흡수하는 조폐창 통합은 어쩔 수 없는 선택이었다. 조폐창 통합에 따라 직원의 45% 수준인 1,188명이 직장을 떠나야 했고, 많은 옥천조폐창 직원들이 생활 터전을 경산으로 옮겨야 하는 큰 아픔이 있었다.

이처럼 강력한 의지를 갖고 단행한 구조조정으로 아픔은 컸지만, 획기적인 비용절감을 실현할 수 있었다. 인력 구조조정에 기인한 인건비절감만 해도 1998년 298억 원, 1999년 497억 원, 2000년 이후 매년 540억 원에 이르렀다.

또한 세계 유수의 경쟁기업과 비교해도 손색없는 가격경쟁력을 확보할 수 있었고 그 덕분에 화폐·수표 등 주요 제품의 판매가격을 크게 낮춰 국민의 기업으로 다시 태어나는 계기가 되었다. 구체적으로 2004년도 만원권 판매단가가 74.72원으로 구조조정 전인 1998년 판매단가 98.13원의 76% 수준이다. 지난 7년 간 물가상승을 감안하면 괄목할 만한 성과다. 금액으로도 합계 1,998억 원을 절감했으니, 국민의 부담을 크게 덜어준 것이다.

아직 끝나지 않은 미완의 개혁

조폐창 통합을 통한 구조조정은 불가피한 선택이었다. 그 결과 하드웨어적 구조개혁은 괄목할 만한 성과를 거두었다. 그러나 준비 없이 갑자기 추진된 타의에 의한 개혁은 해결하지 않으면 안 될 많은 과제를 남긴 것 또한 사실이다.

조직 내 갈등구조의 고착화와 열악한 작업환경이 대표적인 예다.

구조조정 과정에서 극심한 노사분규를 겪었고, 그 결과로써 불거진 조직 내 갈등구조는 해결의 실마리를 찾기 어려운 실정이었다. 노사갈등은 불행한 일이었다. 그러나 더욱 큰 아픔은 따로 있었다. 파업에 참가한 조합원과 불참 조합원은 물과 기름처럼 함께 어울릴 수 없었다.

경산조폐창 출신 직원과 옥천조폐창 출신 전입직원 사이에 큰 벽이 생긴 일도 공사 발전에 큰 장애가 되었다.

기존 경산조폐창의 한정된 공간에 옥천조폐창 시설을 이전하다 보니, 기계를 설치할 공간이 부족했다. 하는 수 없이 식당을 공장용으로 개축해 기계를 설치하고, 사무실 자리에 사진제판시설을 설치하는 식이었다. 돈 만드는 공장이라고 하기에는 열악한 작업환경이었다. 게다가 작업 동선이 길어 생산성도 많이 저하될 수밖에 없는 상황인 것이다. 그 동안 많이 보완했으나, 아직도 개선해야 할 부분이 한두 군데가 아니다.

시작은 있으나 끝이 없는 경영위기

사업량 감소 · 경쟁 심화 · 고객요구 다양화 등으로 경영위기가 다시 다가오고 있다. 신용카드 · 교통카드 · 인터넷 뱅킹 등 새로운 지급결제수단이 기존의 은행권 · 주화 · 수표의 거래 부분을 서서히 잠식하고 있으며 그 속도는 점점 빨라지는 추세다.

이를 좀더 구체적으로 살펴보면 사업량의 경우 2002년 대비 은행권은 4%, 주화는 35%, 수표는 27% 감소했다. 우리 공사의 3대 주력사업이 평균 22% 이상 감소한 것이다. 더 큰 문제는 사업량 감소가 일시적인 현상이 아닌 구조적이라는 데 있다.

생산성향상을 동반하지 않는 지속적인 인건비상승은 고정비부담을 가중시켜 제품단가는 다시 상승일로에 있다. 조폐창 통합과 구조조정으로 확보한 가격경쟁력을 상실할 위기에 직면한 것이다.

주요제품 사업량 추이				단위 : 백만 장
제 품	2002년	2003년	2004년	2005년
은행권	1,220	1,369	1,000	1,170
주 화	800	834	530	520
수 표	1,670	1,422	1,120	1,220

아울러 고객의 니즈(needs)도 다양화되었다. 적정한 가격뿐만 아니라, 완벽한 위변조 방지와 고품질·무결점 제품을 요구하고 있는 것이다.

주변의 경영환경은 전직원이 한마음으로 뭉쳐 역량을 집결해도 극복하기 어려운 위기상황이다. 외부의 적이 호시탐탐 노리는데 이를 막아내야 할 내부 구성원이 분열되어 있다면 이 얼마나 안타까운 일인가.

얽히고 설킨 실타래를 어디서부터 풀어야 할까? 해답은 쉼없는 '변화' 와 '개혁', 그리고 우선순위를 정해놓고 일을 추진하는 '선택'과 '집중' 의 문제였다.

정글에서의 생존법칙, '변화'와 '개혁'

정글에서 살아남기

흔히 요즘의 경영환경을 두고 적자생존의 정글과 비유한다. 오로지 강자만 살아남을 수 있는 냉엄한 현실, '변화'와 '개혁'이 없다면 생존하기 어려운 세계인 것이다.

'변화'와 '개혁'의 주체는 사람일 수밖에 없고, 사람이 변하지 않고서는 어떤 일도 도모할 수 없다. 어느 조직에서든 잘 하려는 사람 5%와 뒷다리를 거는 사람 5%, 그리고 나머지 90%가 있다고 한다. 나의 역할은 잘 하려는 사람을 5%에서 10%·20%·30%, 아니 95%까지 늘리는 데 있다고 생각한다.

"내가 사장으로 있는 동안에는 인위적인 고용조정은 없다"고 선언한 바 있다.

이는 사람을 변화시키기 위한 첫 단추였다. 즉 구조조정 과정에서 수많은 동료들이 직장을 떠나는 모습을 지켜본 직원들에게 고용불안 심리를 불식시키고, 아울러 더 이상 인위적인 고용조정이라는 불행한 일을 미연에 방지하기 위해서 사장인 나도 노력하겠지만, 고용조정이 불필요할 만큼 경쟁력을 갖춘 건실한 회사를 만드는 데 적극 동참해 달라는 당부이기도 한 것이다.

이와 더불어 기업이념과 비전을 개정해 우리 공사가 가야 할 방향과 목표를 설정했고, 장기전략경영계획 'KOMSCO[1)]Vision 2010'을 통해 우리가 달성해야 할 과제들을 제시했다. 전직원의 공감대를 형성하고 역량을 결집시키기 위함이다.

'변화'와 '개혁'의 방향과 목표 설정

역할과 존재목적을 기업이념에 담다

우리 공사는 부단한 '변화'와 '개혁'을 통해 국가경제에 공헌하고 국민에게 사랑받는 공기업으로 거듭 태어나야 한다. 나아가 세계에서도 알아주는 일류 조폐기업으로 발돋움해야 한다.

이러한 우리의 의지를 분명히 하고, 전직원의 공감대를 얻어 매진

---

1)　Korea Minting & Security Printing Corporation에서 개발된 영문약칭

(邁進)하기 위해 '기업이념'과 '비전'을 새로이 설정하기로 했다.

기업이념은 국민과 직원을 대상으로 공모했다. 우리의 변화하는 모습을 널리 알리고, 내부적으로는 전직원이 기업이념을 개정하는 배경을 이해하고, 참여함으로써 자연스럽게 공감대를 형성하기 위해서다.

이러한 과정을 거쳐 **기술과 혁신, 정성으로 초일류 조폐기업이 되어 고객의 가치를 창출하고 국가경제에 공헌한다'** 는 새로운 기업이념이 제정되었다.

새로운 기업이념에서는 핵심가치를 '기술 · 혁신 · 정성'으로 설정하고, 공사가 추구해야 할 최고의 가치를 '고객의 가치창출'로 정했다.

그리고 공사의 미래상(未來像)을 '첨단 고품위 제품과 최고의 서비스를 제공하는 경쟁력 있는 조폐기업'으로 삼았다. 이는 창의적인 제품개발과 효율적인 제품생산을 바탕으로 탁월한 경영성과를 지속적으로 올리고, 핵심역량의 발굴과 배양을 통해 경쟁우위를 확보, 세계 조폐사업을 선도하는 초일류 조폐기업이 되겠다는 의지의 표현이다.

우리 공사의 존재목적은 '국가경제에 공헌' 하는 데에 있다. 따라서 사회적 책임과 역할을 충실히 수행해 국가경제 발전과 국민생활 안정에 기여하는 신뢰받는 기업으로 자리매김할 것이다.

비전은 성취해야 할 목표

전직원이 성취해야 할 목표인 비전(vision)은 **'세계 일류 조폐기술 기업 (The world class company for art & security solutions)'** 으로 정했다. 기업의 흥망성쇠는 기술에 달려 있고, 기술에서 앞서는 기업이 경쟁에서도 우위를 차지하는 것은 당연하다. 즉 기술이 기업의 미래를 결정하는 것이다. '세계 일류 조폐기술 기업'이 되어야 하는 이유도 바로 여기에 있다.

전략경영계획 'KOMSCO Vision 2010'

우리 공사는 2010년의 모습을 전략경영계획 'KOMSCO Vision 2010'에 담았다. 사업구조 재편을 통해 현재 2,370억 원대의 매출액을 3,580억 원대로 끌어올리는 것을 목표로 정했다. 기존 사업의 사업량이 지속적으로 감소하는 상황에서 신규 사업 진입에 성공하지 못한다면 우리의 미래는 매우 어둡다.

'변화'와 '개혁'을 통해 경쟁력을 향상시키지 않는다면 신규 사업 진입은 불가능하다. 품질과 가격경쟁에서 경쟁기업을 이겨야 한다. 이를 위해 세계 일류 조폐기술 개발과 동시에 인적자원 경쟁력 확보 · 관리 시스템 혁신 · 생산성향상 및 원가절감 · 핵심역량 강화 등을 통해 고객이 감동하는 기업으로 우뚝 서야 한다.

상시 자율 경영혁신체제 구축

우리는 정부의 경영혁신 계획에 따라 추진한 구조조정 과정에서 절반에 가까운 동료들이 직장을 떠나는 모습을 지켜봐야 했다. 타의에 의한 개혁이 얼마나 큰 아픔과 후유증을 초래하는지 체험한 것이다. 개혁은 외부로부터 강제된 것이 아닌, 스스로 변화를 추구해야 하고, 일상 속에서 쉼없이 이어져야 한다. 살아남기 위해서는 스스로 '변화'와 '개혁'을 추진해서 경쟁력을 갖추어야 하는 것이다.

나는 기회가 있을 때마다 자율적인 경영혁신의 필요성을 강조해 왔다.

● 우리는 과감한 사고의 전환을 통해 변화에 능동적으로 대응하고 미래를 준비해야 한다. [2002년 취임사]

● 이제 변화와 혁신은 선택이 아닌 생존의 필수조건이다. [2003년 신년사]

● 가장 강하고 영리한 자가 살아남는 것이 아니라, 변화에 가장 민감한 자가 살아 남는다. [2003년 창립기념사]

● 변화와 혁신을 위한 노력이 일회성으로 그치는 것이 아니라, 업무수행 과정 중 보편적인 문화로 자리잡도록 힘써야 한다.

[2003년 11월 경영혁신 워크숍]

● 현실의 정확한 진단과 예측을 바탕으로 끊임없이 자기혁신과 변화를 통해 공동의 목표를 추구해 나가야 할 것이다. [2004년 신년사]

● 새로운 디지털 화폐문화를 주도하기 위해서는 끊임없는 기술혁신과 경영혁신을 위한 노력이 필수다. [2004년 2월 CI선포식]

● 환경변화에 능동적으로 대응하기 위해서는 지속적으로 혁신해 나가야 한다. [2004년 창립기념사]

● 이제 과거의 경험이나 관행으로는 통하지 않는다. 새로운 생각으로 새롭게 보고 새 길을 모색해 실천해야 한다. [2005년 신년사]

스스로 '변화'와 '개혁'을 모색하기란 결코 쉬운 일이 아니다. 따라서 우리는 밑으로부터의 개혁과 위로부터의 개혁을 동시에 추진할 수 있도록 시스템화하기로 결정했다. 많은 직원이 공감하고 동참해야만 비로소 '변화' 와 '개혁' 이 성공할 수 있다는 생각에서다.

조직 내 계층별 대표집단이 모두 참여하는 전사적 상시 자율 경영 혁신 체계를 구축하고 본격적인 혁신작업에 착수했다.

첫째, 상임 이사와 하부 기관장으로 '경영혁신위원회' 를 구성해, 강력하게 경영혁신을 추진할 수 있도록 최고 심의 · 의결기구로 활용했다.

둘째, 관리자 그룹으로 '실무추진반' 을 구성해, 경영혁신 진행상황을 수시로 점검 · 독려하도록 조치했다.

셋째, 젊은 실무직원으로 영챌린저그룹(Young Challenger Group : 이하 YCG)[2]을 구성해, 현장의 생생한 소리를 경영혁신 과제에 반영하는 혁신의 아이디어 뱅크 및 공감대 확산에 활용했다.

넷째, 중견직원으로 포스트리더그룹(Post Leader Group : 이하 PLG)[3]을 구성해, YCG와 함께 혁신의 아이디어 뱅크 및 공감대 확산에 활용했다.

2004년에는 정부 경영혁신과제 17건과 자체 경영혁신과제 9건 등 총 26건의 경영혁신과제를 추진했다. 정부 경영혁신과제는 정부지침에 따라 매년 초 경영혁신과제를 발굴해 정부에 제출하고 연말에 평가받는 것이다.

반면 자체 경영혁신과제는 정부 경영혁신과제를 제출한 후에 추가로

---

2) 35세 이하 실무직원으로 구성된 조직
3) 36세 이상 중견 과장급 직원으로 구성된 조직

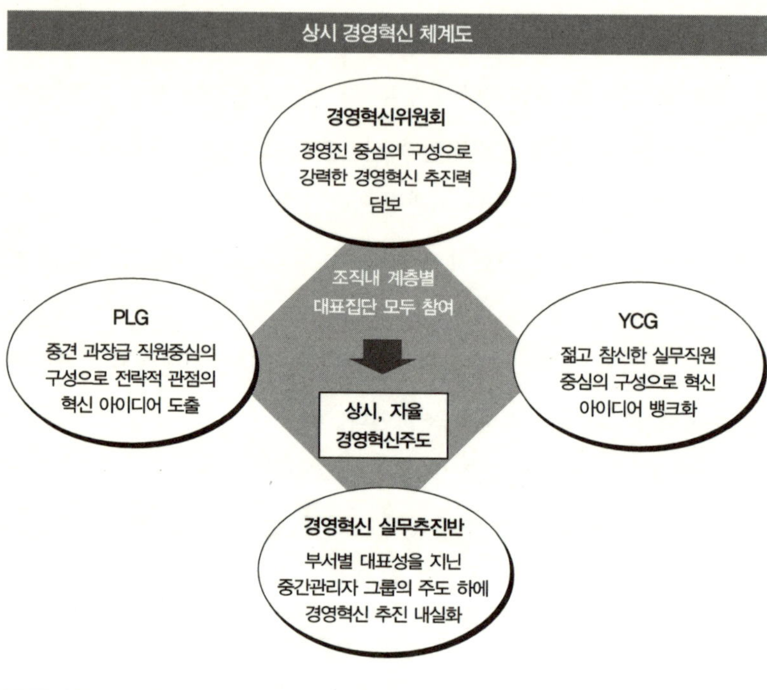

경영혁신이 필요한 부분을 발굴해 추진하는 혁신과제다. YCG · PLG의 건의사항이나 각 실무부서 요구사항은 경영혁신위원회의 심의 · 의결을 거쳐 연중에도 수시로 혁신과제로 추가해 추진했다.

2004년 YCG와 PLG의 건의사항은 총 21건이었다. 이 중에서 6건은 자체 혁신과제로 선정해 추진했고, 나머지 15건은 관련 부서에서 처리했다.

이 두 그룹이 건의해 시행하는 혁신과제의 주요 내용은 다음과 같다. CEO와의 커뮤니케이션 활성화를 위한, 'CEO 대화방' 운영, 경영정보 공유를 위한 'LED 전광판' 설치, 회의문화 혁신, 희망휴직제 도

입, KOMSCO 모니터 운영, 사무직 종사 여직원 휴일 일직근무 등이
다. 모두가 열심히 활동해 준 결과 기대 이상의 효과를 거둘 수 있었다.

　반면 부분적으로 아쉬운 점도 있었다. '변화'와 '개혁'은 좀더 나은
미래를 위해 발전방향을 검토하고, 필요하다면 현재 향유하고 있는 기
득권을 일정 부분 포기할 수도 있어야 하는데 이런 공감대 형성이 다
소 미흡했다. 앞으로 '변화'와 '개혁'에 대한 공감대가 전사적으로 확
산될 수 있도록 좀더 발전된 상시 자율 경영혁신 체제를 구축할 계획
이다. 예를 들어 '경영혁신 신문고 제도', '경영혁신 아이디어 공모
제' 등과 같이 모든 직원이 '변화'와 '개혁'에 쉽게 접근하고 동참할
수 있도록 제도가 정비되어야 한다는 생각이다. 아울러 노동조합과 같
이 머리를 맞댈 수 있는 방안도 강구할 생각이다.

화폐 앞면 디자인을 인물 초상으로 하는 이유?

대부분의 국가에서는 화폐 앞면을 인물 초상으로 디자인해 선택하고 있다. 저마다 자국의 훌륭한 인물을 기리려는 뜻과, 위변조를 막으려는 의도가 깃들여 있는 것이다. 초상은 인상과 개성이 뚜렷해서 위변조가 어렵다. 초상에 수염을 많이 그려넣는 것도 이러한 이유에서다.

인물 초상화에 얽힌 일화

우리나라 은행권에 나타난 초상은 모두 돈의 중앙을 비껴나 위치해 있는데 여기엔 다음과 같은 사연이 있다. 1956년에 발행한 오백환권은 전에 발행한 것과는 달리, 이승만 대통령 초상을 중앙에 자리잡게 했다. 하지만 돈은 접어서 사용하는 경우가 많으므로 대통령의 초상이 접히어 닳게 되었다. 이런 사유로 해서 이 은행권은 발행이 중지되고 대통령의 초상화를 오른쪽에 넣은 새로운 은행권이 그 다음해인 1957년에 발행되었다.

또 다른 이야기 하나. 프랑스의 루이 16세는 경제난을 극복하기 위해 '아시냐'라는 지폐를 대량으로 발행했는데 여기에 자신의 초상화를 그려넣었다. 곧이어 프랑스 대혁명이 시작되고 왕에 대해 체포령이 내려졌다. 왕은 마부로 변장한 채 국외 탈출을 시도했으나, 변방의 농부가 그를 알아보고 신고를 했다. 그리고 체포된 왕은 단두대의 이슬로 사라졌다. 농부가 왕을 알아볼 수 있었던 이유는 지폐에 그려진 그의 초상화 때문이었다.

개혁의 초석, 조직문화부터 바꿔라

누구나 '변화' 와 '개혁' 을 역설한다. 그러나 '나' 를 제외한, 다른 사람이 개혁대상이며 변해야 한다는 생각이 변화와 개혁의 가장 큰 걸림돌이다. 파란운동은 '나' 가 변화의 주체이고, '나' 부터 스스로 개혁하자는 이른바 자율적인 의식개혁 및 행동변혁운동(BI)이다.

제2의 창업정신, 조폐공사에서 KOMSCO로

기업 이미지 통합(CI)

2004년 2월 10일. 우리 공사는 CI[4] 선포식을 갖고 새로운 CI를 대내외에 널리 공표했다. 이는 지속적인 '변화'와 '개혁'을 통해 국가경제에 공헌하고 국민에게 봉사하는 초일류 조폐기업으로 거듭 태어나겠다는 우리 스스로의 다짐이자 국민에 대한 약속이었다.

우리 공사는 1998년 구조조정 이후 주요제품 가격인하 등으로 국가

---

4) Corporate Identity : 기업의 이미지를 시각적 · 감각적으로 동질성을 갖도록 기업명 · 로고 · 마
    크 · 서식 등을 통합된 이미지로 체계화시키는 것을 의미

경제에 기여하고 우수한 경영성과를 올리고 있음에도 불구하고, 국민과 고객으로부터 만성적 노사분규 사업장, 비효율적인 공기업이라는 부정적 이미지로 각인되어 있었다. 따라서 이 같은 이미지를 불식시켜 우리 공사의 브랜드 가치를 높이고, 직원의 의식개혁과 행동변혁을 통해 새로운 조직문화 창출이 절실한 상황이었다.

이에 2003년 7월, 전담조직인 기업 이미지 개선팀을 설치해 기업 이미지 통합작업을 추진하게 되었다.

 영문약칭은 조폐기관으로서의 핵심역량인 보안(security)을 강조해 신뢰감을 줄 수 있도록 KOMSCO로 결정했으며, 이를 활용해 시각적 이미지를 통합하고 영문약칭을 브랜드화했다.

KOMSCO 가치체계 구축

CI 제정과 함께 기업이념도 새롭게 개정했다. 전직원의 공모와 내외부 전문가로 구성한 심사위원회의 엄격한 심사를 거쳤다. 그리고 **"기술과 혁신, 정성으로 초일류 조폐기업이 되어 고객의 가치를 창출하고 국가경제에 공헌한다"**라는 새로운 기업이념을 모토로 삼았다. 새로운 기업이념에서는 핵심가치를 '전직원이 진심으로 믿고 실천해 나가야 하는 기업문화'라고 정의하고, 이를 구현하기 위해 KOMSCO 가치체계를 구축했다.

이 핵심가치는 우리의 혼이라고 해도 과언이 아니며, 경영자만 추구해야 할 가치가 아닌, 모든 직원이 핵심가치를 공유할 때 비로소 한

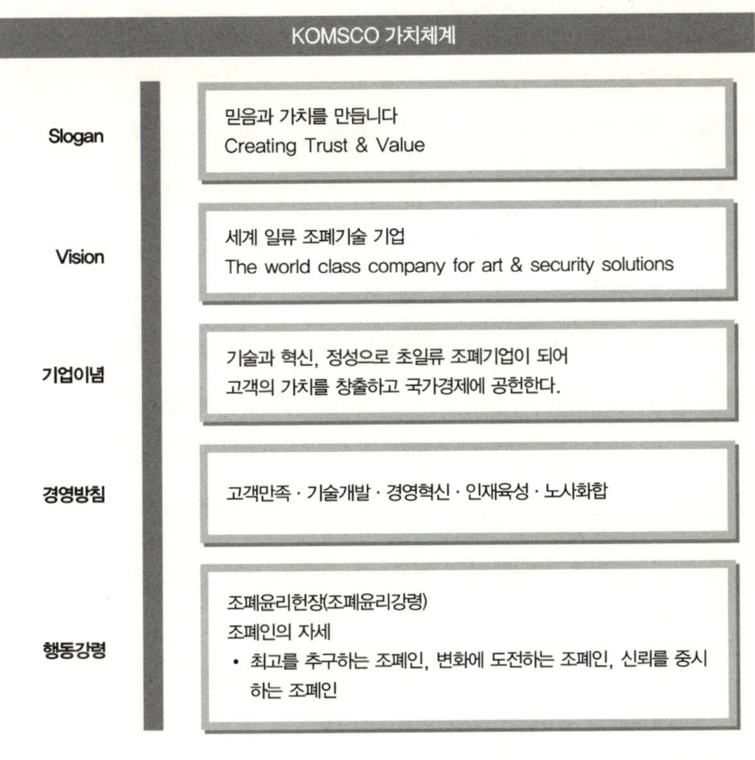

국조폐공사는 혼을 가진 기업으로 거듭날 수 있다. 한 조직에서 동일한 혼을 가져야만 그 조직은 정상적으로 살아 있는 조직이 된다.

기술 · 혁신 · 정성은 우리의 혼이다

우리의 핵심가치는 '기술 · 혁신 · 정성'이다. 이는 모든 업무를 수행할 때, 반드시 염두에 두어야 할 최고의 가치인 것이다.

여기에서 '기술'은 차별화된 프로세스(치밀성, 보안성 등)와 핵심 조폐기술 개발을 통해 미래 지식정보화 사회를 선도하는 기술과 노하우를 보유한다는 의미다.

'혁신'은 직원들의 사고를 바꿈으로써 조직문화를 긍정적으로 전환시키고, 그 바탕 위에 경영혁신을 지속적으로 추진해 나간다는 의미다.

또한 '정성'은 참되고 거짓없는 마음으로 고객을 대하며, 국가의 얼굴인 화폐를 만든다는 자긍심으로 조폐인의 혼이 담긴 고품위 제품 생산에 최선의 노력을 하겠다는 우리의 결연한 의지의 표현이다.

우리가 추구하는 최고의 가치는 '고객의 가치창출'이다

우리가 추구해야 할 최고의 가치는 '고객이 만족하는 수준의 믿음과 가치를 창출'하는 '고객의 가치창출'이다.

고객이 공사 존립의 근간임을 인식하고, 고객의 입장에서 생각하고, 행동하는 조폐인이 되어야 한다. 그리고 고객감동과 고객가치 증대를 위해 최고 품질과 최상의 서비스를 제공해야 한다.

조폐인의 행동강령

기업이념에 따라 가치체계가 정립되고 가치를 추구해 나가기 위한 경영방침을 '고객만족 · 기술개발 · 경영혁신 · 인재육성 · 노사화합'으로 결정했다. 아울러 행동강령으로는 '조폐윤리헌장' 준수와 '최고를 추구하는 조폐인, 변화에 도전하는 조폐인, 신뢰를 중시하는 조폐인'을 조폐인의 자세로 규정했다.

추진체계도

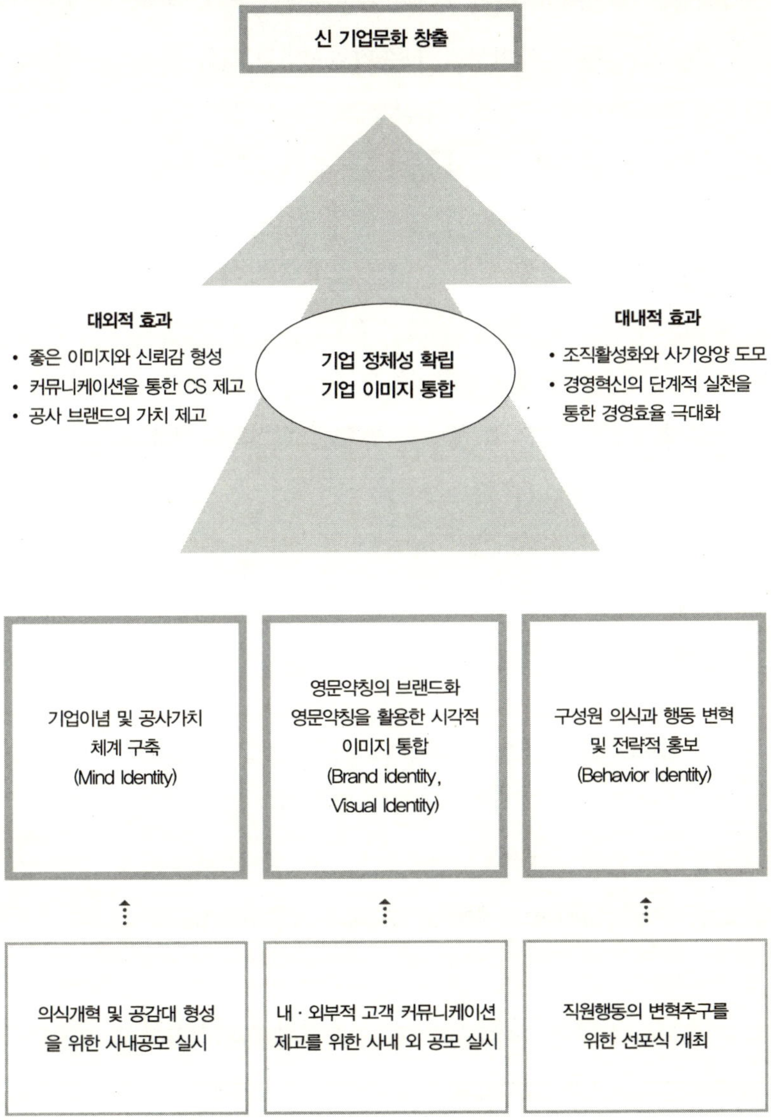

신 기업문화 창출

기업 정체성 확립
기업 이미지 통합

대외적 효과
• 좋은 이미지와 신뢰감 형성
• 커뮤니케이션을 통한 CS 제고
• 공사 브랜드의 가치 제고

대내적 효과
• 조직활성화와 사기앙양 도모
• 경영혁신의 단계적 실천을
  통한 경영효율 극대화

기업이념 및 공사가치
체계 구축
(Mind Identity)

영문약칭의 브랜드화
영문약칭을 활용한 시각적
이미지 통합
(Brand identity,
Visual Identity)

구성원 의식과 행동 변혁
및 전략적 홍보
(Behavior Identity)

의식개혁 및 공감대 형성
을 위한 사내공모 실시

내·외부적 고객 커뮤니케이션
제고를 위한 사내 외 공모 실시

직원행동의 변혁추구를
위한 선포식 개최

신(新) 기업문화 확산을 위한 시스템 구축

기업이념을 개정하고, CI를 제정했지만 직원들을 실제적으로 변화시키는 일이 급선무였다. 아무리 좋은 기업이념과 CI를 갖추었더라도 직원들의 의식과 행동이 변화하지 않으면 혼과 육체가 따로 움직이는 조직이 되어 이제까지의 노력이 물거품처럼 사라지게 마련이다. 따라서 우리는 직원들의 공감대 형성을 위한 프로젝트를 추진했다.

첫째 '공감대 형성 단계'는 기업문화 혁신에 대한 공감대를 형성하는 단계로서 CI선포식 등을 통해 추진했고, 둘째 '비전의 수립 단계'는 비전 달성을 위한 전략경영계획을 재수립했고, 셋째 '신념과 실천의 단계'는 직원의 의식과 행동을 변화시켜 변화와 혁신의 조폐문화가 형성되도록 행동변혁(Behavior Identity)운동을 본격적으로 추진했다. 이 운동이 뒤에서 언급할 파란(破卵)운동이다.

내가 먼저 변하자! 파란(破卵)운동

누구나 '변화'와 '개혁'을 역설한다. 그러나 '나'를 제외한, 다른 사람이 개혁대상이며 변해야 한다는 생각이 변화와 개혁의 가장 큰 걸림돌이다. 파란운동은 '나'가 변화의 주체이고, '나'부터 스스로 개혁하자는 이른바 자율적인 의식개혁 및 행동변혁운동(BI)이다.

'파란(破卵)'은 "알껍데기를 깬다"는 뜻으로 불필요하거나 비효율적인 낡은 제도·관행·습관 등을 스스로 찾아내 폐지하고 자율적·창의적인 조직문화를 만들어보자는 취지에서 출발했다.

각 부서별로 한 달에 1건 이상 발굴해서 스스로 실천하고, 효과가 있

<table>
<tr><td rowspan="4">파
란
마
당</td><td>규범 · 제도</td><td>비효율적이라고 판단되는 규범 및 제도</td></tr>
<tr><td>관 행</td><td>불합리하다고 판단되는 관행</td></tr>
<tr><td>습 관</td><td>스스로 언행에 개선이 필요한 습관</td></tr>
<tr><td>기 타</td><td>다른 항목에 포함되지 않는 사항</td></tr>
</table>

파란(破卵)운동 대상

을 경우에는 공사 인트라넷 '파란마당'에 게시함으로써 모든 직원이 전사적으로 공유 · 실천하도록 전개해 나갔다. 각 기관별로 '파란운동 실천위원회'를 두고, 우수 사례에 대해서는 '파란상'을 수여했다.

파란운동은 기대 이상의 효과를 가져다 주었다. 2004년에는 약 200건의 파란안건이 제안되었다. 제안된 안건 중 일부는 자체 경영혁신 과제로 선정해 전사적으로 추진했고, 공사 인트라넷 파란마당에 게시해 모든 직원이 공유 · 실천하도록 했다. 그 내용을 살펴보면 '업무개선'에서부터 '예절 지키기'에 이르기까지 다양했다.

- 집중근무시간제 도입
- 회의운영방법 개선, 회의 및 행사시간 지키기
- 신바람 나는 일터 조성을 위한 인사하기
- 고객지원 센터 운영방법 개선
- ISO 9001 : 2000 인증마크 활용
- 외부 고객에게 감사 카드 발송

- 품질방침을 숙지하고 품질의식 함양

- 현장순회 결재, 수결재 시간 지정

- 마니또(비밀친구) 권장

- 재활용품 분리수거의 날 지정

- 자리 이석시 행선지 표시판 부착

- 경영현황 전달시간을 이용한 기체조 및 구호 제창

- 결재라인 부재 상황을 미리 공지

- 업무와 관련해 본인이 수집한 자료를 부서원들이 쉽게 공유할 수 있도록 PC에 공유영역을 확대

파란운동은 언론에서도 상당한 관심을 가졌다. KBS 〈함께 가자! 대한민국〉 프로에서는 경산조폐창의 '현장순회 결재'를 취재해서 TV에 방영했고, J일보에서는 우리의 운동을 사설로 다루어 다른 사업체까지 확산되기를 권장했다.

사설 | 조폐공사의 파란(破卵)운동

대전에 소재한 조폐공사는 사내에서 '파란운동'이라는 이색 캠페인을 전개하고 있다. 알을 깬다는 파란(破卵)에서 암시하듯 낡은 제도와 조직, 그리고 관행의 벽을 깨뜨리겠다는 것이다. 이 운동이 기존 조직의 견고한 틀이나 구조적 문제를 얼마나 제거할 수 있을지 궁금증 섞인 기대를 걸어본다.

조직의 안정성을 뒤흔들지 않으면서 조직을 변화시켜 나가는 것은 대단히 중요하다. 이것은 기존 방식대로 일을 진행시키는 것이 유익한 조직, 동태적인

성장에 힘을 쏟아야 하는 조직 모두에 해당된다. 직원 개개인의 자율성도 존중되어야 하지만 조직문화를 사회화 과정으로 볼 때 추진조직과 혁신 리더가 있어야 좋은 기업문화를 전수하고 전파할 수 있다.

조폐공사의 경우라면 사내 게시판에 올려지는 창의적인 내용들을 지향하는 목표나 기존의 경영혁신 체계와도 연계되어야 바람직하다. 껍질을 깨야 할 뿌리깊은 관행을 찾아내도 이를 조직문화 개선에 반영시키지 못한다면 무용한 것이다. 예를 들어 주말에 캐주얼 복장을 입는 것과 같은 형식적인 변화가 실질을 지배하는 데는 한계가 있다. 물론 파란운동 실천위원회와 같은 기구의 상설화는 그 실천적 의지로 인식된다.

조폐공사처럼 각 지역별로 분산된 조직이 있다면, 이런 조직 간 정보교환 및 공유, 관리의 필요성도 대두된다. 의사결정 과정에서 기존 조직에 묻혀버린다면 파란운동으로 아무리 건설적인 제안이 나온들 무엇하겠는가. 궁극적인 성패는 비효율적인 관행을 얼마나, 어떻게 제거하느냐에 달려 있다.

우리는 파란운동이 조직문화 의식 및 형태에서 한 걸음 더 나아가 일하는 방식에도 변화를 줄 것으로 믿어 의심치 않는다. 직원들의 자부심 고취를 통한 자발적 쇄신 의지가 절대적이다. 설사 조직의 지배적인 문화(dominant culture)에 해당할지라도 직원 전체의 합의 하에 바꿀 것은 바꿔야 한다.

조직문화는 그 조직 특유의 판단기준에 영향을 미치고, 이것이 조직행동을 좌우한다. 조폐공사의 캠페인이 성공적으로 정착해 조직의 파이를 키울 뿐 아니라, 다른 공기업과 민간기업에도 시범적 파급효과를 가져오길 기대한다. 어느 조직이나 회사든 변화의 장애물이 되는 잘못된 일상성과 고정관념에 대해서는 알 껍질을 깨듯 확실히 깨버려야 한다.

2004. 5. 24

공기업 최초의 대한민국 디자인 · 브랜드 대상 수상

2004년 12월 24일. '대한민국 디자인 · 브랜드 대상'에서 우리 공사는 공기업으로서는 최초로 산업자원부 장관상을 수상했다. 이는 국내 유수 업체와 치열한 경쟁을 벌여 이룩한 쾌거다.

이 상은 지식기반산업의 발전을 위해 지난 1999년부터 한국산업디자인진흥원에서 디자인 경영활동이 우수한 기업에게 수여하는 상으로서, 디자인 산업을 국가의 주요 정책사업으로 육성해 산업경쟁력 향상의 계기를 마련하고자 국가적 의지의 일환으로 시행되는 제도다.

디자인은 제품의 외관을 아름답게 포장하는 것에서 벗어나 상품의 가치를 결정하고, 기술을 리드하는 핵심요소로 자리잡은 지 오래다. 산업전반을 고부가가치화하는 디자인과 브랜드의 중요성은 아무리 강조해도 지나치지 않다.

우리 공사는 2004년 9월 15일 한국산업디자인진흥원에서 있었던 2차 심사에서 심사위원들에게 깊은 인상을 심어주었다.

완벽한 보안기술로 국가경제의 초석이 되는 화폐를 생산하는 본연의 모습과 더불어, 세계 최고 수준의 위조방지기술 및 특수 조각 · 압인기술에서 탄생하는 제품 특유의 예술성, 그리고 이를 적용한 신제품 개발 노력을 어필했기 때문이다.

그 결과 '신뢰와 가치를 제공하는 국민 기업'으로 인정받아 큰 수확을 거둘 수 있었다.

디자인 분야에서 명실공히 최고의 영예라 할 수 있는 이번 수상을 통해 한국조폐공사 디자인 역량의 우수성을 다시 한번 대내외에 과시했다. 동시에 마케팅 홍보효과 면에서도 소중한 기회가 되었고 디자인 경영이 공사 발전의 든든한 발판이 된다는 점을 재차 인식하는 계기가 되었다.

화합하는 조직문화, 노사는 동반자

감당하기 힘들었던 질곡의 시간들

우리 공사는 1993년부터 1999년까지 매년 노사분규를 겪어왔다. 정부
투자기관 중 최초의 파업, 직장폐쇄와 휴업조치, 국회청문회와 특별검
사제에 의한 수사 등 부정적인 우리나라 노사관계의 축소판이라 해도
과언이 아니었다. 노사분규의 사유도 기구축소 및 정원감축·인사위
원회 노사동수 구성·쟁의기간중 임금지급·노조전임자 축소·조폐
창 통합을 주요 골자로 한 경영혁신 반대 등 다양했다.

장기간에 걸친 파업의 여파로 경영상태는 점점 어려워졌고 직원 간
갈등의 골은 깊어갔다. 조폐공사하면 머릿속에 생각나는 단어가 '돈'
대신 '파업'이 떠오를 정도로 국민의 불신도 컸다. 공신력을 생명으로

하는 공사 입장에서는 치명적인 이미지 손상이 아닐 수 없었다.

경영이 악화되어 조폐창이 통합되고 절반에 가까운 동료직원이 회사를 떠나야 했다. 누구의 잘잘못을 따지기 전에 분명한 것은 노사 모두가 패자이고, 공사와 직원 개개인이 그 부담을 나누어가져야 했다는 점이다.

열린 경영으로 새로운 노사문화 창조

뿌리깊은 병의 원인을 찾다

새로운 노사관계를 정립하기 위해 노무관계 전문기관으로부터 공사 노무관계에 대한 진단을 추진하기로 했다.

공정성과 객관성을 가지고, 진단결과에 대한 공감대를 형성하기 위해서는 노동조합과 합동으로 진단을 실시해야 한다는 생각이 들었다. 그래서 노동조합에 합동진단을 요청했다. 처음 노동조합에서는 노사관계에 큰 문제가 없기 때문에 전문기관의 진단이 필요없다고 거부했지만, 사심이 없는 진솔한 설득으로 노동조합도 노무진단에 참여하기로 자세를 바꿨다. 그리하여 2003년 9월 9일부터 '노무진단 컨설팅'이 시작되었다. 컨설팅 면담은 나와 노동조합 위원장을 포함해 관리자·노동조합 간부들을 대상으로 실시했다. 전직원을 대상으로 설문조사도 벌였다. 노무진단 결과는 다음과 같았다.

- 조직문화는 폐쇄적이며 공동체 의식 미흡
- 직무만족도는 보통 이상으로 큰 문제 없음

- 직원들이 관리자를 신뢰하는 수준이 낮음

- 경영정보 인지수준은 보통이나 신뢰도는 낮음

- 임금 및 근로조건은 보통 이상 수준

- 승진 만족도가 낮고 평가 시스템에 대한 수용성은 미흡

- 상하, 수평적 커뮤니케이션은 보통 수준

- 노사관계는 대립기를 지나 회복기로 보임

'노사협력 프로그램' 추진

우리 공사는 노무진단 결과에 따라 '노사협력 프로그램'을 입안해 추진했다. 목표는 '신 노사문화 창출을 통한 경영효율성 도모'로 설정했다. 1차 달성 목표로 '합리적 주40시간 근무제 도입'과 '신 노사문화 우수기업' 선정 기반을 다지는 데 역점을 두었다.

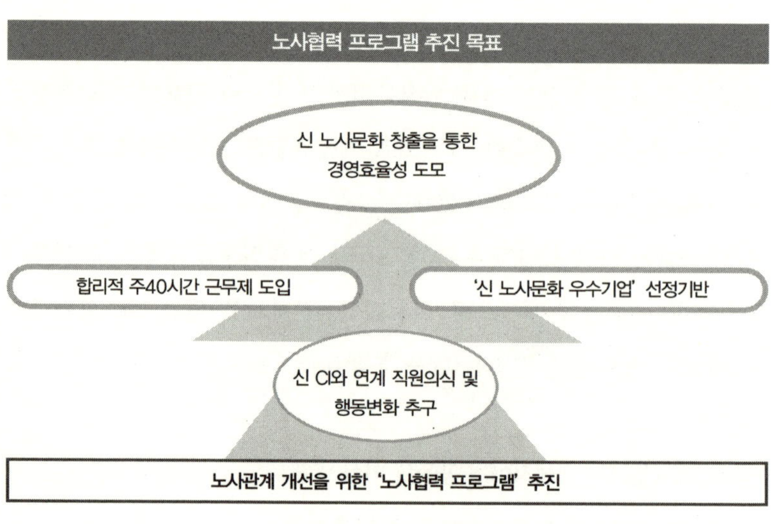

목표달성을 위한 추진방안으로 첫째, 새로운 CI를 선포해 대내외적으로 기업 이미지를 획기적으로 바꾸고, 새로운 기업 이미지에 걸맞게 직원들의 의식과 행동을 바꿀 수 있는 행동변혁운동을 전사적으로 추진한다.

둘째, 노사관계를 구체적으로 정립할 수 있는 '노사협력 프로그램'을 개발·추진한다.

이에 따라 우리는 '노사발전위원회'를 설치해 노사협력 프로그램을 책임지고 개발했다.

인프라 확충

아무리 좋은 프로그램이 준비돼 있더라도 커뮤니케이션이 원활치 않으면 소용이 없다. 현대사회의 정보전달 매체 중 가장 뛰어난 도구는 인터넷이고, 기업 내부 정보전달의 가장 효과적인 방법은 인트라넷을 활용하는 방법이다. 인트라넷은 전직원의 접근이 쉽고 사내에서라면 언제 어디서든지 이용이 가능하기 때문이다.

노사협력 프로그램 개발과 함께 프로그램의 효과를 최대한 높일 수 있도록 사내 인프라를 확충했다. '파란마당', 'CEO와의 대화방'을 개설해 쌍방향 커뮤니케이션의 활성화를 도모했다. 그리고 '자유게시판'을 개설해 직원 상호간 수평적 커뮤니케이션의 다양화를 꾀했다.

처방전을 내놓다

얼마 후, '노사발전위원회'에서 노사관계 개선을 위한 프로그램이 마련되었다. 프로그램의 주요내용은 다음과 같다.

① 열린 경영 실현　　　　　② 활기찬 근무분위기 조성

③ 노사 파트너십 향상　　　④ 노사대화 효율화 추진

⑤ 근로자 경영참가제도 활성화

※ 기타 사항은 경영혁신으로 추진

첫째, 경영정보의 정확한 인지와 신뢰도를 높이고 커뮤니케이션 활성화를 위한 '열린 경영 실현'으로 다양한 매체를 통한 경영현황 홍보, 현장중심의 노사간담회 활성화, 공사주관 회의개최시 노조간부 참여, 노사현안 사항에 대한 노사토론 및 경영설명회 개최, 직원 고충처리 신속화 및 의견수렴 제도 다양화 등이다.

둘째, 폐쇄적이고 침체된 조직분위기 쇄신을 위한 '활기찬 근무분위기 조성' 방안으로 비상설 체육교양활동 활성화, 맞춤형 자기계발 교육 등이다.

셋째, "노사는 남이 아닌 우리다"라는 의식을 높이기 위한 '노사 파트너십 향상'으로 노사간부 열린 토론문화 정착과 노사 파트너십 향상 교육에 노사가 공동으로 참여하는 것 등이다.

넷째, '노사대화 효율화 추진'으로 노사화합의 장 마련, YCG 및 PLG 운영 활성화를 통한 신 조직문화 창출, 신입직원 후견인제도 운영 등이다.

다섯째, '근로자 경영참가제도 활성화'로 지식제도 운영 활성화, 직원의 자발적 참여에 기초한 품질관리 분임조활동 지원 등이다.

그 밖에도 승진 만족도 제고를 위해 공정한 인사제도를 확립하고, 평가 시스템 등 수용성 향상을 위해 종합성과 보상 시스템을 혁신했다.

정부투자기관 최초 주40시간 협상 타결

우리는 2004년 6월 4일, 정부투자기관 최초로 '주40시간 근무제' 도입을 위한 단체협약 협상을 타결했다. 협상개시 11일, 4차례에 걸친 마라톤 협상 끝에 타결한 쾌거였다.

2003년 11월 7일 단체협약 체결시 '주40시간 근무제'를 근간으로 하는 개정 근로기준법이 시행되는 2004년 7월 1일 이전에 개정 근로기준법에 부합하도록 단체협약을 갱신하기로 합의한 바 있었지만, 막상 타결이 현실화되자 감회가 새로웠다.

주40시간 근무제 조기 타결은 정부투자기관 최초의 타결이라는 상징성도 있지만, 과거 조폐공사 노사관계를 감안할 때 놀라운 사건이 아닐 수 없다.

타결된 내용을 살펴보더라도 월차휴가 폐지 및 연차휴가 축소 조정 · 생리휴가 무급화 · 탄력근무제 도입 · 선택적 보상휴가제 시행 · 동절기 근무시간 1시간 연장 등 개정 근로기준법 취지에 맞도록 시행함으로써 다른 사업체의 귀감이 되었다.

연간 근무시간이 직원 1인당 208시간 줄어들었음에도 공사는 비용 증가를 수반하지 않았다. 직원 입장에서는 삶의 질이 향상되었고, 회사 입장에서는 생산성 저하와 비용증가 없이 주40시간 근무제를 도입한 셈이다. 노사 모두가 승자가 되는, 말 그대로 win-win 게임인 것이다.

'노동환경 특별대책반'을 설치해 미리 준비하다

우리 공사는 2003년 5월에 '노동환경 특별대책반'을 설치했다. 당시 예측되던 경영환경은 주40시간 근무제 도입을 위한 근로기준법 개정안이 2002년 10월 17일 국회에 제출돼 연중 통과가 확실시되는 시점이었고, 법안의 내용에 따라 우리 공사는 2004년 7월 1일자로 단체협약을 개정·시행해야 했다. 주40시간 근무제의 주요내용은 월차휴가 폐지·생리휴가 무급화·연차휴가 조정 등으로 이에 따라 경영계와 노동계 입장이 첨예하게 대립하고 있었다.

또한 지난 외환위기 이후 비정규직이 급격히 증가해 2001년 7월부터 노사정위원회에서 '비정규직 특별위원회'가 설치되어 법과 제도 개선방안을 논의중에 있었으며, 고용평등 기반 조성을 위해 여성 및 장애인의 고용촉진정책을 강화하고 있던 때였다. 이러한 노동환경 변화가 우리 공사에 미칠 영향을 분석하고 대책마련이 시급한 실정이었다.

제조업인 우리 공사는 다른 조건이 변경되지 않은 채 시행된다면 근로시간 단축이 결과적으로 제조비용 상승으로 이어져 경쟁력이 하락할 수밖에 없다.

더구나 특수용지를 생산하는 부여조폐창은 연속가동해야 하는 장치산업이기에 휴일이 늘면 엄청난 비용상승이 발생한다. 대책반은 총괄팀·기획예산팀·사업수행대책팀으로 구성되었다.

총괄팀은 주40시간 도입방안 검토, 노사합의 전략 수립, 비정규직의 효율적 운영방안 강구 및 여성채용목표 도입 등의 대책을 마련했다. 기획예산팀은 예산판단과 조직 및 정원을 검토했고, 사업수행대책팀은 주40시간 근무제가 생산부문에 미칠 영향분석과 예상 생산감소량 판단 및 혹시라도 발생할지 모르는 우발상황에 대한 대책을 수립했다.

대책을 마련하다

주40시간 근무제는 일자리 나누기를 통한 실업문제 해결과 국제기준에 맞는 근로시간 관련 제도정비로 기업 경쟁력강화 및 근로자의 삶의 질 향상을 목적으로 시행하는 만큼 공기업으로서 정부정책에 적극적으로 호응해야만 했다.

그 동안 우리 공사에서는 사업량이 적정사업량을 초과할 때 비정규직을 한시적으로 활용해 왔으나, 당시에는 사업량이 적정수준에 다소 미달한 관계로 비정규직 문제는 우리 공사에 큰 영향이 없었다.

여성 및 장애인 고용평등 문제는 정부의 정책에 적극 따르는 것으로 대책이 세워졌다.

이에 따라 2003년 5월 여성 및 장애인 채용에 관한 대책이 수립되었고, 2003년 6월에 비정규직 운영대책, 2003년 9월에 주40시간 근무제 도입에 관한 대책이 수립되었다.

최단기간 협상, 정부투자기관 최초 주40시간 협상 타결

2003년 9월에 이르자 주40시간 근무제 도입 대책안을 가지고 사례연구와 마인드 확산에 주력했다.

그리고 2004년 5월 24일 노사협상이 시작되었다. 2004년 임금협상도 타결되지 않는 시점에서 단체협약과 임금을 따로 협상하는 일은 조직의 에너지 낭비라고 생각되었다. 그래서 단체협약과 임금협상을 패키지식으로 일괄협상을 제안했다. 노동조합에서도 이를 흔쾌히 받아들였다.

우리 공사의 노동조합은 민주노총 공공연맹 소속으로 협상중 연대 추진 분위기가 있었고, 동절기 근무시간 연장·생리휴가 무급화 및 월차휴가 폐지는 근로조건 저하로 인식하고 있어서 타결에 어려움이 많았다.

하지만 그 동안 노사협력의 기반 마련, 현실에 대한 정확한 이해, 더 이상 노사문제로 회사 이미지를 손상시킬 수 없다는 각오 및 시간을 끌어봐야 실익이 없다는 점 등을 노사 양측은 인식하고 있었다. 그러나 노동조합 입장에서는 조합원들의 의견을 무시할 수 없었다. 여직원은 생리휴가 무급화에 대해 강력히 반발했고, 장기근속직원은 연차휴가를 상한선에 맞도록 조정한다는 데에 불만을 갖고 있는 상황이었다.

그럼에도 불구하고 대부분의 조합원은 공사가 당면한 어려운 경영 현실을 이해하고, 공사의 앞날을 진심으로 걱정하고 있었다. 이러한 기류와 그 동안 쌓아온 신뢰를 바탕으로 개개인의 손해를 무릅쓰고 대타협을 이끌어낼 수 있었다.

남녀고용평등 우수기업 대통령상 수상

우리 공사는 남녀고용평등 우수기업으로 선정돼 대통령상을 수상했다. 그 동안 남녀고용평등을 위해 노력한 성과로 얻은 큰 결실이 아닐 수 없다.

흔히 여성의 사회진출을 막는 문제점으로 유리문·유리벽·유리천장[5]을 지적한다. 우리 공사는 여성에게 불평등을 초래하는 '유리를 깨뜨리는 일'을 지속적으로 추진해 왔고, 지금은 남자직원들로부터 오히려 역차별을 당하고 있다는 불평을 들을 정도로 완벽한 남녀고용평등 직장을 만들었다.

여성채용목표제를 도입해 채용인원의 30% 내외를 여성으로 충원하도록 했다. 우리 공사 여직원 중 70%가 검사직에 종사하고, 대내외 경영환경의 변화로 검사부문에 대한 공정자동화·생력화 추진으로 여직원 비율이 점차 감소세에 있다. 예를 들어 전지[6] 검사기인 노타체크[7] 1대가 검사인력 100명분의 작업량을 수행하고 있으니, 그 만큼 여성인력이 감소하는 것이다. 그럼에도 불구하고 여성에게 적합한 새로운 직무를 발굴해서 여성 고용비율을 현재 17%에서 2010년에는 20%까지 늘릴 계획에 있다.

이를 위해 2004년에는 직무분석을 실시했다. 즉 생산부문 여직원이 수행 가능한 직무를 찾는 것이 직무분석 목적 중 하나였다. 직무분석 결과 인력작업 부문 및 단순 반복적인 시설부문의 직무를 남·여 공동직무로 선정했다. 남·여 공동직무 58가지를 발굴해 현재 여직원 직무

---

5)   유리문은 취업의 어려움, 유리벽은 직무의 제한성, 유리천장은 승진의 어려움을 의미함
6)   소절로 단재되기 전 인쇄용지, 통상 만원권은 32장(4x8)이 전지임
7)   은행권 인쇄과정에서 발생되는 불량제품을 검사하는 기계

인 12가지 직무까지 모두 70가지 직무를 여직원이 수행할 수 있도록 조치했다.

이 직무에 종사하는 직원이 300명 정도에 이르기 때문에 현재 근무 중인 여직원의 고용안정은 물론, 새로 채용할 수 있는 여유까지 확보한 셈이다.

공개경쟁 채용 때에도 차별방지를 위한 공정한 채용관리를 실시한다.

채용공고시 '성별란'을 삭제했고, 합격점수 기준 5% 이내에 해당하는 여성지원자를 선발예정인원을 초과해 추가채용했다. 또한 Blind[8] 면접을 실시하고, 면접위원의 30% 이상은 여성위원으로 위촉함으로써 여성이 불이익을 받지 않도록 조치했다.

우리 공사에서는 임금 · 복지후생제도 운영 · 인력배치 · 정년 · 교육훈련 등 모든 부문에서도 여성이라는 이유로 차별받는 일이 없다. 남녀 동일임금제도를 완비했고, 각종 수당 지급이나 주택자금 지원 · 자녀 학자금 융자 등 각종 복지후생제도의 운영에도 남녀 동일한 기준을 적용한다.

남녀 차별 없는 인사관리 시스템을 확립해 동일한 기준에 따라 인사배치하고, 승진기회도 공평하다. 정년도 직급 · 직종 · 성별 구분 없이 동일하게 58세며, 퇴직 · 해고 등에서도 여성이기 때문에 불이익을

---

8) 면접위원에게 수험번호 외에 일체의 자료를 제공하지 않는 무자료 면접

당하는 일이 없다.

게다가 여성의 출산과 육아의 부담을 덜어주기 위한 노력도 기울이고 있다. 여직원의 모성보호를 위한 휴가·휴직제도를 시행하고, 직장 내 보육시설도 운영중이다. 3개월가량의 산전후(産前後) 휴가를 부여하고 본인이 원할 경우에는 육아휴직도 허락하고 있다. 유산·조산·사산 등의 경우에도 산전후 휴가에 준하는 기준을 적용한다. 모성보호를 위한 휴가기간은 보수에 영향을 받지 않도록 하고, 육아휴직 이후 업무에 복귀할 때에는 종전에 담당하던 업무에 복직하도록 조치해 부담 없는 휴직이 가능하다.

앞으로도 직장 내 명예감독관제도의 활성화, 자체 성희롱 예방지침 제정·시행, 성희롱 고충 전담창구 운영, 고충상담원 운영, 단체협약에 성희롱 예방조항 명문화 등을 통해 남녀 고용평등에 지속적으로 노력할 계획이다.

경영위기 극복 우리 힘으로! '도약 Focus-136운동'

2004년 7월 영업적자 73억 원이 예상된다는 보고가 올라왔다. 사업량이 당초 계획에 비해 많이 감소한 결과였다. 수표가 15억 5,000만 장에 수익 470억 원을 목표로 했으나, 11억 장에 300억 원으로 전망되었다. 또한 국내주화의 경우에도 6억 장에 수익 375억 원을 목표로 삼았지만 사업진도가 부진했다. 그 밖에 우표·증채권·기념주화 등 은행권을 제외한 나머지 제품이 당초 계획보다 크게 저조한 실적으로 전망되었다.

공사 창립 이래 사실상 최초의 영업적자[9]라는 좋지 않은 기록을 남길지도 모르는 절박한 순간이었다. 더구나 정부경영평가에서 최하위를 기록함으로써 직원의 사기가 극도로 저하돼 있었다. 뿐만 아니라 경영혁신, 즉 '변화'와 '개혁'에 대한 회의감이 사내에 확산되는 시점에 영업적자까지 기록하면 돌이킬 수 없는 사태가 예견되는 심각한 상황이었다. 이를 타개할 만한 돌파구를 찾아야만 했다. 우리는 '도약 Focus-136운동'을 전개했다.

2004년 8월 18일부터 12월 31일까지 136일 동안 우리 공사가 가지고 있는 모든 역량을 집중해 136억 원의 영업이익을 시현하고, 정부경영평가 13위에서 2004년에는 6위 이상 차지하자는 운동이다.

슬로건은 '경영위기 극복 우리 힘으로! 도약 Focus-136운동'으로 결정했다. 플래카드를 내걸고 전직원은 슬로건 리본을 패용해 분위기 확산에 나섰다. 또한 일일 상황판을 설치해서 계속적으로 경각심을 갖도록 했다. '도약 Focus-136운동'은 경영성과제고 운동이자, 조폐인의 자존심을 찾기 위한 운동이었다. 나아가 '변화'와 '개혁'만이 살아남을 수 있음을 몸소 실천한 광범위한 경영혁신 운동인 동시에 노사화합의 한마당이기도 했다. 그러나 조폐사업의 특수성 때문에 매출액 증대를 통해 영업이익을 늘리기란 쉽지가 않다. 따라서 적자를 면하고 영업이익을 확대하기 위해서는 비용을 줄이는 것이 최선의 방법일 수

---

9) 1998년에 134억 원 영업적자였으나, 구조조정 과정에서 발생된 불가피한 실적임

밖에 없었다. 한 마디로 노동조합의 협조와 직원의 동참이 없으면 불가능한 일인 것이다. 다행히 모든 직원이 이 운동에 적극적으로 동참해 주었다. 인건비절감을 위해서 전직원이 적게는 3일에서 많게는 6일 이상씩 자발적으로 연월차휴가를 사용했고, 시간외 및 휴일근무수당을 절감하기 위해 생산성을 향상하고 불가피하게 휴일근무를 한 경우에는 휴일근무수당 대신 보상휴가를 자청하고 나서준 것이다.

그리고 사업량 감소에서 기인한 여유인력은 희망 휴직에 응했으며, 고용유지교육에도 기꺼이 동참했다. 경비와 재료비절감을 위해 종이 한 장 아끼는 작은 것에서부터 냉난방비를 아끼는 에너지 절약까지 근검을 스스로 실천하고 불편함을 잘 감내해 주었다.

매출액 및 영업이익 증대를 위해서도 전직원이 한마음이 되었다. 직원들 모두가 영업사원이 되어서 금폐·민트세트·주문형 우표 등을 팔았다. 영업부서에서도 사업량 감소에 따라 발생한 손실을 만회하기 위해 뛰었고, 신규 제품 창출에도 심혈을 기울였다.

이렇게 노력한 결과, 98억 원의 영업이익을 시현했다. 당초 목표에는 다소 미달했지만, 영업적자 73억 원이 예상되는 상황에서 노동조합의 협조와 직원의 단합으로 이룩해 낸 값진 성과가 아닐 수 없다.

아울러 경영평가 비계량부문의 득점제고를 위한 노력도 동시에 추진했는데, '경영개선특별대책반'을 구성해 운영했다.

목표는 "2003년 실적평가에서 지적받은 사항을 100% 시정 완료하고, 각 지표별로 2건 이상 핵심과제를 발굴해 추진한다"라고 정했다.

이렇게 95개 핵심과제를 발굴했고 매주 추진진도를 점검해 나갔다. 의식개혁을 위한 파란운동·경쟁력 향상을 위한 종합성과보상제

도 확립, 종합 경영관리 시스템(BSC[10], e-HRM[11], EIS[12]) 구축, MRO자
재[13] 위탁구매 시스템 도입, CRM[14] 도입 기반마련, 계수확인 공정자
동화, 품질경영 시스템 정착 등도 이런 과정을 거쳐 완료한 과제들
이다.

---

10) Balanced ScoreCard : 균형잡힌 성과표. 여기서는 BSC 성과관리 시스템을 말함
11) Electronic Human Resources Management : IT 기술을 활용하는 인적자원관리
12) Executive Information System : 경영자정보 시스템
13) Maintenance, Repair, Operation : 비전략적 자재
14) Customer Relationship Management : 고객관계관리

윤리경영은 기본, 청렴도 세계 1위

돈 만드는 사람들의 윤리의식

1990년대 초 우루과이 라운드(UR)와 1997년 그린 라운드(GR)에 이어, 최근에는 비윤리적 기업의 제품(서비스)을 규제하자는 윤리 라운드 (ER[15])가 시작되었다. 기업윤리 수준이 낮은 기업은 거래시 차별받고, 결국에는 생존의 터전을 상실하게 된다. 기업이 사회윤리에 걸맞은 경영활동을 해야만 고객들은 그 기업이 생산한 제품을 변함없이 구매해

---

15) Ethic Round : 경제 활동의 윤리적 환경과 조건을 표준화하려는 국제적인 움직임

주는 시대가 도래한 것이다.

공기업, 그 중에서도 '돈 만드는 회사'인 우리 공사는 민간기업보다 훨씬 높은 윤리규범을 지켜줄 것을 국민들은 기대한다.

옥천조폐창 보충은행권[16] 유출사고를 대표적인 예로 들 수 있을 것 같다. 보충은행권 유출사고는 1995년 6월 17일 옥천조폐창에서 한 여직원이 보충은행권 100만 원을 유출한 사고를 말한다. 조폐공사 입장에서는 상상할 수도 없는 도저히 있어서는 안 될 사고였다. 온 나라가 떠들썩했다. 감독기관과 사법기관의 강도 높은 조사가 이어졌음은 물론이다. 사고가 발생한 옥천조폐창은 공장가동을 멈춰야 했고 직원들의 출근도 정지되었다. 그리고 사장을 포함해 9명이 불명예스럽게 회사를 떠났으며, 13명이 정직·감봉 등의 중징계를 받았다.

유출된 사고금액은 천원권 1,000장인 100만 원이다. 다른 회사라면 단돈 100만 원에 불과한 적은 액수지만, 특히 우리는 돈 만드는 회사이기 때문에 그 이상의 의미를 가질 수밖에 없고, 엄청난 질책을 숙명으로 받아들여야 한다. 그 만큼 국민과 고객은 돈 만드는 사람들을 높은 수준의 도덕적 잣대로 평가한다.

나는 이러한 시대적 흐름과 국민의 여망에 부응해 취임 후 '직원이 존중되는 경영', '원칙이 지켜지는 경영'으로 '윤리경영'을 근본적인 경영철학으로 삼아 윤리경영 확립에 힘써왔다.

---

16) 불량제품 교환을 위해서 인쇄된 은행권

우리 직원들은 스스로를 '어항 속의 금붕어'라 칭한다. 일거수일투족이 한 눈에 들어오는 어항 속 금붕어처럼 속내까지 다 드러날 정도로 투명하고 깨끗하다는 뜻이다. 하루도 끊임없이 수뢰·횡령·배임 등 돈과 관련된 불미스러운 사건들이 발생하지만, 조폐공사 직원이 직무 내외를 막론하고 이런 사건에 연루된 일이 적어도 내 재임기간 동안 단 한 건도 없었다. 부패방지는 선진국으로 진입하기 위해서 반드시 해결해야 할 시대적 과제로 떠오르고 있지만, 우리 공사에서는 부패방지에 관한 한 걱정할 필요가 없다.

여기에 만족하지 않고 2005년 1월부터는 법인카드를 '클린카드(Clean-Card)'로 전환했다. 유흥업소로 분류된 특정 가맹점에서는 결제가 금지되는 클린카드를 사용함으로써 변칙적인 경비 집행을 원천적으로 방지하기 위한 조치다. 부패방지위원회에서 도입을 의무화할 계획인 것으로 알려져 있으나, 정부 차원의 시행에 앞서 우리가 선도적으로 도입·시행하기로 했다.

또한 매년 3회 정도씩 우리 공사와 거래하는 업체를 대상으로 '거래업체 만족도 조사'를 실시하고 있다. 공정하고 투명한 거래가 이루어지고 있는지를 직접 확인하기 위함이다. 조사는 크게 거래의 편의성·대금 결제 처리 정도·직원의 친절서비스·직원의 청렴수준·부패방지 노력도 등 15개 세부항목으로 실시한다.

조사결과 대부분이 긍정적인 응답이었으나, 친절 서비스 중 출입시 직원의 안내 만족도가 약간 하락한 것으로 나타났다. 이는 국가 보안 목표시설인 관계로 다른 기업에 비해 출입 절차가 까다로운 데 기인한 것이다. 따라서 보안에 위해가 되지 않는 범위 내에서 개선할 계획을 갖고 있다.

결론적으로 '돈 만드는 회사' 라는 사업특성에 따른 윤리경영이 자연스럽게 하나의 조직문화로 정착됨과 동시에 이를 뒷받침해 줄 윤리경영 시스템이 완벽하게 구축되어 있다.

사회적 책임을 다하는 KOMSCO

윤리경영의 종착지는 기업의 사회적 책임완수라고 생각한다. 최근 기업의 사회적 책임이 강조되는 이유도 여기에 근거한다.

우리 공사는 '기업의 사회적 책임' 이 업무의 연장수준일 정도로 생활 속에서 확고히 자리잡고 있다. 공사의 설립목적부터가 공익에 있지만, 그 구성원인 직원 또한 공익적 마인드로 무장되어 있다고 해도 과언이 아니다. 자발적인 각종 자선모금에 직원의 100%가 동참하고, 크고 작은 수많은 자생 조직을 만들어서 봉사활동을 전개하고 있다. 개인적으로 또는 개인 자격으로 사회단체에 가입해 봉사활동을 하는 직원도 상당수에 이를 것이다.

공사 차원에서 추진하는 각종 사회 공헌활동도 다른 기업과 비교하면 모범적이지만, 직원들의 자발적인 공헌활동은 더욱 값진 것이라는 생각이다. 내가 파악하고 있는 조직만 해도 30여 개에 1,000명 가까운 직원이 참여하고 있다. 직원의 3분의 2 이상이 자발적으로 봉사활동을 실천하고 있는 것이다. 왼손이 하는 일을 오른손도 모르게 도우라는 말처럼, 내가 미처 파악하지 못한 조직이나 개인도 많을 것이다.

회원 184명으로 구성된 '경산창 자유회' 는 회원 10여 명씩 교대로 매월 셋째 목요일마다 중증장애인 시설을 방문해 후원활동을 전개하고 있다. 1987년부터는 매년 1회 그들과 야유회를 갖고 원생들의 사회적응을 돕는다. 또한 다른 복지시설에 대해서도 정기적으로 빨래하기·청소하기 등의 활동을 벌이며, 장애인과 가정형편이 어려운 청소년에게 매월 일정액을 후원하고 있다. 이 같은 봉사활동의 결과로 여러 차례 봉사상을 수상했다. 최근에 수상한 상으로는 직장새마을운동 중앙협의회 직장새마을 봉사상(2002년)과 대구광역시 자원봉사 단체상(2004년)을 들 수 있다. 중증 뇌성마비장애인인 발가락 시인 이홍렬씨의 자전적 시집 《앉은뱅이꽃》 발간을 도왔고, 이러한 사실이 대구 MBC TV 〈영남시대〉에 방영되어 세상에 널리 알려졌다.

회원 150명으로 구성된 '경산창 금강회'는 10여 년 동안 분기별로 불우 학생 2명씩을 선정해서 장학금을 지원하고 있다. 장애자 복지시설에 대해서도 후원회를 조직해 후원금을 지원하고 시설을 방문해 봉사활동을 하고 있다. 또한 지역사회의 독거노인·치매요양원·무료급식소 등에 연간 400만 원 이상 후원한다.

회원 138명으로 구성된 '경산창 성우회'에서는 자폐증·정신지체 장애인 복지시설에 대해 매월 후원금을 지원하고, 회원들이 돌아가면서 청소·목욕 등의 봉사활동을 한다.

회원 67명으로 구성된 '부여창 모·삼회'는 2002년 5월부터 부여군 내에 거주하는 30가구의 모자가정과 자매결연을 맺고 매월 후원금을 지원한다. 또한 보육원들과 자매결연을 맺어 금전적 후원은 물론, 방문 후원활동도 펼치고 있다. 2002년부터 3년 간 약 2,000여 명의 직원이 참여해 1,500만 원 이상을 지원하고 있다.

“어린이에게 꿈과 사랑을!”이란 모토를 가지고 1986년부터 활동 중인 봉사활동단체 ‘물방울’은 해마다 가정형편이 어려운 어린이나 시설아동을 대상으로 무료로 ‘물방울 어린이 여름캠프’를 열고 있으며 그 인원은 2,800명에 이른다. 그 밖에 산타클로스 행사, 어린이 동요잔치, 미아발생 방지를 위한 ‘이름표 달아주기’ 등 각종 행사를 실시하고 있다.

공공의 이익을 위해

화폐박물관, 관광 명소로 자리잡다

한국조폐공사 화폐박물관은 1988년 개관 이후, 각종 화폐제조의 역사와 국내외 화폐문화의 사료와 연혁을 전시하고 있다. 박물관은 우리나라의 화폐문화 창달과 홍보를 위해 개관했고, 그 동안 많은 성과도 있었다. 그러나 개관한 지 15년이 지나 전시실과 부대시설이 현대적 감각에는 다소 어울리지 않았다.

그래서 디지털 시대를 살고 있는 관람자들의 요구에 부응하기 위해 전시실을 대폭 리모델링하고 부대시설을 확충했다. 위조방지 홍보관을 설치해 체험으로 위변조 여부를 감별할 수 있도록 하였고, 은행권·주화 등 우리 공사에서 생산하는 주요제품의 생산공정을 한눈에 알아볼 수 있도록 도표화했다. 그 외에 친환경적으로 조경을 바꾸고, 관람자의 휴게시설을 안락하게 설치했다.

화폐박물관 사업을 사회공헌활동의 일환으로 판단해 무료로 개방하고 있다.

이제 화폐박물관은 명소로 자리잡았다. 2004년 연인원 15만 9,918명, 하루 평균 521명이 관람한 것으로 집계되었다. 유치원생부터 성인에 이르기까지 많은 사람이 화폐박물관을 즐겨 찾는다.

화폐박물관 전시실을 활용해 우표전시회 등 화폐관련 전시회를 수시로 개최하거나 대관함으로써 화폐박물관은 조폐공사의 박물관이 아니라, 국민의 박물관으로 탈바꿈했다.

사이버 화폐박물관도 2004년 12월에 개관했다. 이제 장소에 구애받지 않고 세계 어디에서든 화폐박물관을 관람할 수 있게 된 것이다. '국가문화유산종합정보시스템'과 연계해 박물관 소장자료 7만 4,000점을 DB화하여 구축을 마무리했다.

온라인 관람객의 기호에 맞춰 2D 및 3D 이미지로 소장자료를 생동감과 입체감 있게 구성했다. 나아가 4개의 사이버 전시실과 플래시 기능의 사이버 체험관을 구축했다. 이로써 세계적으로도 손색 없는 사이버 화폐박물관이라는 자부심을 갖게 되었다.

성숙한 사회의 일원으로

우리의 공익사업은 여기에 그치지 않는다. 지역주민 난 전시회 등 지역사회의 각종 문화행사를 지원하고 특별전시회를 개최해 지역문화발전에 기여하고 있다. 또한 대전·충남 지역 육상발전을 위해 '크로스컨트리 대회'를 개최하고, 1사 1촌 운동에도 적극 동참하고 있다. 우리공사 사업장 소재지인 대전광역시·경북 경산시·충남 부여군 등지의 인근 농촌마을과 자매결연을 맺어 농산물 사주기·도서 지원·일손 돕기 등의 지원을 아끼지 않고 있다.

환경보호는 더없이 중요한 과제다. 제조업인 우리 공사로서는 환경오염의 개연성이 많아서 더욱 조심스러울 수밖에 없다. 특히 부여조폐창은 수질오염 위험이 많은 종이를 생산하는데다, 백마강을 공업용수로 활용하기 때문에 더욱 철저히 관리하고 있다. 공장을 가동하면서 공업용수로 사용한 물을 폐수가 아닌 국민 모두가 이용할 수 있는 자산으로 되돌려놓아야 하는 것은 당연한 일이다.

이처럼 수질보존의 중요성을 인식하고 부여조폐창의 배출수 관리를 경영목표로 설정해 법에서 정한 허용기준치 이하로 관리한다.

본사를 비롯한 각 조폐창에서는 '한 기업 한 하천 살리기' 운동에 적극적으로 동참해 하천 환경보호에 기여한다. 인트라넷을 통해 물절약 홍보물을 게시하고, 모든 임직원을 대상으로 환경관련 퀴즈를 공모하는 등 환경보호에 앞장서고 있다.

윤리경영을 시스템화한 최초의 공기업

한국조폐공사 창립 51주년 기념일인 2002년 10월 1일을 맞아 윤리경영 도입을 선포했다. 공사의 기본적 가치관과 신념을 담은 '조폐윤리헌장' 과 이를 구체적으로 실천하기 위한 임직원의 행동준칙 '조폐윤리강령' 을 제정·시행함으로써 윤리경영을 위한 첫걸음을 내디딘 것이다.

조폐윤리강령에는 CEO를 정점으로 총괄 윤리관리자, 조폐윤리위원회 및 윤리사무국 등 윤리경영 전담조직을 두었다. 그리하여 윤리경영을 효율적으로 추진할 수 있는 준비를 마쳤다. 이는 공기업 최초의 윤리경영 시스템화인 것이다.

2003년 4월 1일에는 조폐윤리강령을 실천하기 위한 임직원의 세부행동지침 '조폐윤리강령실천지침'을 제정·시행함으로써 윤리경영을 좀더 구체적인 모습으로 발전시켰다.

윤리경영에 대한 제도의 도입과 보완은 여기서 그치지 않았다. 청렴하고 투명한 조직풍토를 조성하기 위해서는 비윤리행위에 대한 내부공익신고자 보호제도가 필요하다는 사회 전반의 요구를 귀담아, 오랜 기간의 준비를 거친 끝에 2004년 10월 21일 '내부공익신고자보호에관한지침'을 제정·시행함으로써 우리 공사에서는 어떠한 비윤리행위도 발붙일 곳이 없도록 조치했다. 이 지침은 신고대상 행위를 업무와 관련된 임직원의 비윤리적 행위 전반으로 규정해 성역이 없도록 했다. 그리고 신고자의 신분보장 및 신변보호를 위한 장치는 물론, 보복행위 등을 일체 금하도록 함으로써 신고자에게는 어떠한 불이익도 발생하지 않도록 했다. 아울러 신고결과에 따라 사손(社損)을 방지했다면 회사의 이익 정도에 따라 보상금을 지급하도록 했다.

또한 윤리경영의 발전에 따라 2004년 11월 15일 기존의 '조폐윤리강령실천지침'을 폐지하고 '조폐윤리행동강령'을 제정·시행했다. 새로 제정된 행동강령에는 부패방지위원회의 권고안을 반영해 금품수수, 편의 등에 대한 금액한도를 명시하는 등 실질적 내용들을 강화해 제도운영의 형식화를 예방했다.

여기에 그 동안의 지침에는 포함되지 않았던 '배우자 등의 금품수수 제한', '투명한 회계관리' 등의 내용을 신설해 투명성을 강화했다.

특히 '행동강령책임관'을 두어 신속하고 책임감 있게 동 제도를 운영할 뿐 아니라, 임직원에 대한 교육·상담·평가 등을 기대할 수 있다.

이러한 제도를 바탕으로 업무 전반에 걸쳐 윤리사업을 발굴해 시행했다.

계약제도에 있어서는 윤리경영 도입 첫해인 2002년에 청렴계약이행서약서·청렴계약이행입찰유의서·청렴계약이행특수조건으로 구성된 '청렴계약제도'를 시행해 계약의 청렴성과 투명성을 높이는 전기를 마련했다.

2003년부터는 물품·공사·용역 등을 납품하는 거래업체에 대해 거래업체 만족도 조사를 실시했다. 그 결과에 따라 만족도가 미진한 부분을 독려하고 있다.

2004년에는 소액 다품종으로 범용성이 있는 일부 MRO자재에 대해 전자상거래 방식의 'MRO자재 위탁구매 시스템'을 도입했다. 그 결과 조달 투명성 제고, 분산구매에 따른 구매행정력 낭비 방지, 전통적 조달방법에 따른 저가구매 한계 극복 등 조달비용을 절감할 수 있도록 했다.

이 밖에도 대·내외 직무 관련자는 물론 직원 상호간의 선물 수수 행위에 대해서도 엄격히 규제하고 있다. 추석이나 설 등의 명절을 전후해 매년 '선물 안 주고 안 받기' 운동을 전개하고, 부득이 선물을 받은 경우에는 이를 신고해 처리할 수 있는 '선물신고 센터'를 설치·운영 중이다.

임직원의 사회봉사활동을 통한 공사의 이미지를 높이기 위해 공사의 사업장이 있는 대전·경산 등 4개 지역의 사회복지시설 15곳을 선정했다. 그리고 이 곳에서의 봉사실적을 인사(승진)에 반영하는 제도를 마련했다.

매년 말 임직원의 사회봉사활동 실적과 윤리경영에 이바지한 공적을 평가해 개인부문과 단체부문으로 나누어 실시하는 '윤리대상 포상' 제도를 도입해 시행한다.

윤리경영의 저변확대를 위한 교육과 홍보도 지속적으로 전개했다. 사보 및 조폐소식지 등을 통해 윤리경영의 중요성과 필요성을 게재하며, 저명인사를 수시로 초빙해 임직원을 대상으로 특강을 실시한다. 그리고 윤리경영 홈페이지에는 윤리경영과 관련한 각종 제도를 게시해 홍보활동을 전개한다.

직원들의 자발적인 활동도 돋보였다. 2004년 11월에는 4명의 직원으로 구성된 자발적인 학습 그룹이 한국기업윤리학회에서 주최하는 '2004년 한국기업윤리학회 추계 국제학술대회'에 정부투자기관 중 유일하게 참가했다. 공사의 학습조직이 발표한 '정부투자기관의 윤리경영 실천도가 조직유효성에 미치는 영향'을 주제로 한 논문은 우리 공사의 윤리경영이 정부투자기관을 선도하고 있음을 보여주는 사례로 꼽힌다.

그 외에도 윤리경영의 실효성 제고와 기업문화로의 정착을 위한 '윤리강령 위반사항 신고 센터' 운영, 인력의 적재적소 배치와 경영층의 신속한 의사결정 지원을 위한 '상시 사내공모제 전산 시스템' 구축, 기존의 민원처리방식 외에 공사의 홈페이지를 이용한 '사이버 민원실' 개설·운영, 경영현안이나 정책 등에 대한 구성원의 다양한 목소리를 반영하는 미래지향적 변혁 실천 '파란운동' 전개, 사내 인트라넷

을 통한 구성원과 최고경영자가 직접 대화하고 여론을 수렴하는
'CEO와의 대화방' 등을 운영하고 있다.

자가진단을 위한 평가 모델 개발

그러면 우리 공사의 윤리경영수준은 어느 정도일까? 이를 파악하기
위해 국제투명성기구(TI[17])에서 각 나라의 부패인지지수(CPI[18])를 측정
한 내용, 국제경영개발원(IMD[19])에서 각 나라의 윤리지수를 측정한 내
용, 산업자원부와 산업정책연구원이 우리나라 기업윤리지수를 측정
한 평가내용 등을 두루 활용해 정부투자기관에 맞는 윤리경영평가 모
델을 개발했다.

평가 모델은 윤리경영의 행동지도원리인 공정성(Fairness) · 투명성
(Transparency) · 건전성(Soundness) · 공헌성(Contribution) 등으로 구성했다.

공정성은 업무를 공평하고 올바르게 추진하는 정도를 진단한다. 정
보공개 수준 등 윤리경영의 실제 추진과정은 투명성을 통해 점검하며,
건전성은 이러한 업무수행의 결과가 기업과 사회에 미친 유익성 정도
를, 공헌성은 자율적으로 지역사회 등에 기여하는 재량적 공헌, 사회
봉사 등에 참여하는 사회적 공헌, 국민경제 발전 등에 기여하는 경제

---

17) Transparency International
18) Corruption Perceptions Index
19) International Institute for Management Development : 국제경영개발원(IMD)은 세계경제포
럼이 운영하는 특수경영대학원으로 스위스 로잔에 위치하고 있음

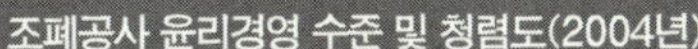

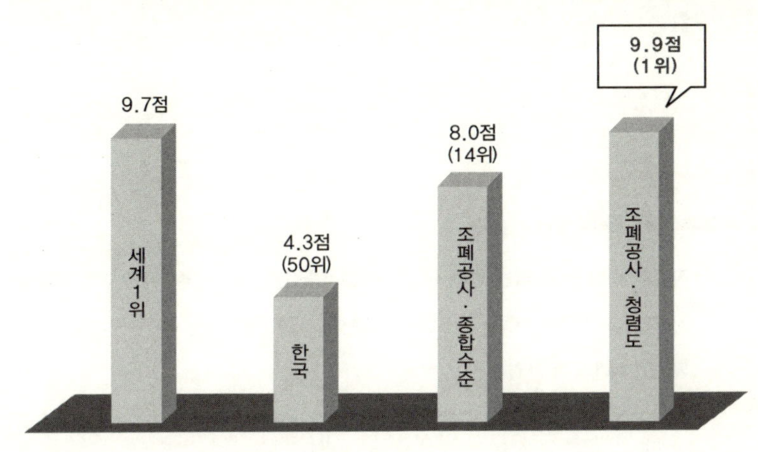

적 공헌 등을 가늠하는 척도로 이용한다.

이렇게 개발한 평가지표를 활용해 13개 정부투자기관 구성원을 대상으로 설문조사를 실시하고 우리 공사의 윤리경영 수준을 측정했다.

그 결과 2004년 TI에서 세계 146개 국을 기준으로 발표한 우리나라의 윤리경영지수는 4.5점(47위)으로 나타났지만, 한국조폐공사 윤리경영 종합점수는 8.0점(세계 14위 수준)을 얻어 상위권으로 평가되었다. 특히 청렴도에서는 9.9점으로 세계 1위에 해당하는 것으로 나타나 우리 공사가 윤리경영을 모범적으로 실천하고 있음을 증명한다.

화폐 단위 '원'의 유래

지금 우리가 쓰고 있는 화폐 단위 '원'은 1962년 6월 제3차 통화조치 때부터 사용되었다. 보조단위는 '전'으로 1970년대 이후 '전' 단위 화폐는 발행이 중지되었고 회계처리 단위로만 쓰인다.

근대 화폐가 확립된 이후 화폐 단위는 '원(圜)-원(圓)-환(圜)' 등으로 변천되었다. '원(圜)'은 우리나라에 근대식 화폐제도를 도입한 후 경성전환국 때(1886년)의 주화에 처음 쓰였으며, '원(圓)'은 구한 말 일본 제일은행권의 국내 통용(1902년) 이래 쓰인 단위로, 해방 이후 최초의 한국은행권(1950년 7월)에서도 사용했다. '환(圜)'은 해방 이후 1953년 2월, 제2차 통화조치 때부터 통용된 단위다.

그런데 경성전환국 시절 화폐 단위는 한자로 '圜'이라고 쓰고 '원'이라고 읽었으나, 1953년부터는 화폐단위로는 '圜'을 '환'으로 발음하도록 해 종전 '원(圓)'과 발음상 혼란을 방지하고자 했다는 점이다. 원래 '圜'은 '둥글다'는 뜻으로서 '원', '돈다'는 뜻으로는 '환'으로 발음된다.

지금의 '원'은 순수한 한글 이름으로 동전의 모양이 둥근 데서 따온 것이라고 본다.

관리 시스템 혁신

성과가 있으면 그에 대한 보상이 따라야 한다. 합당한 성과보상 시스템 구축은 동기부여를 통해 조직의 체질을 강화하고, 우수한 인재확보 및 유지를 위해 반드시 필요하다.

인사 혁신

반칙을 허용하지 않는 인사제도 마련

"인사는 만사(萬事)다", "51%가 불평하지 않는 인사는 성공한 인사다"라는 말이 있다. 그 만큼 인사가 중요하고, 중요한 만큼 모든 사람을 만족시킬 수 없는 어려움이 있다는 표현일 것이다.

능력과 성과가 있는 직원이 대접받아야만 조직에 활력이 넘칠 수 있다. 그리고 능력과 성과는 공정하게 평가되고, 객관적으로 타당성을 가져야 한다.

기업에서 인사관리제도는 인적자원의 확보·양성·유지를 위한 핵심적인 제도이며, 특히 승진과 관련해 직원들의 욕구를 완전히 충족시켜주기는 어렵다 하더라도, 이에 대한 공정성 확보는 무엇보다도 중요하다.

우리 공사도 이러한 중요성을 알고는 있으나 기존의 연공서열식제도를 보완하는 틀에서 크게 벗어나지 못하는 실정이었다. 또한 연공적인 호봉제도는 고비용·저효율로 이어져 결국 경영을 제약하는 요인으로 작용해 왔다.

이러한 제약요인을 극복하고 능력과 성과중심의 조직문화를 형성하기 위해 성과주의 인사관리제도를 구축했다.

즉 종합근무평정제도 혁신, 승진심사제도 도입, 사내공모제 확대 등이다.

종합근무평정제도 혁신

종합근무평정제도, 즉 인사고과제도는 일찍이 중국 진나라 시대에도 사용한 역사가 오래 된 제도다. 그러나 아직까지도 인사고과와 관련해서 많은 논란이 제기되는데 구체적으로 살펴보면 다음과 같다.

첫째, 공정성을 제고하는 문제다. 고과제도의 공정성이 확보되지 않으면 열심히 일하려는 조직문화에 악영향을 미친다.

둘째, 조직의 존재 목적과 지향점을 밝혀주고 조직 구성원들의 행동규범이 되는 조직가치를 어떻게 고과항목 속에 포함시키는가 하는 문제다.

셋째, 고과항목의 비중문제로 전통적으로 인사고과는 능력·태도·업적 등으로 고과를 하는데, 이들 세 항목 중 '업적'의 비중을 크게 높여야 한다고 생각한다. 그 이유는 조직 구성원들의 능력이나 태

- 공정성이 없으면 열심히 일하는 분위기를 망친다
- 기업의 비전 등 조직가치를 포함해야 한다
- 계측할 수 있는 업적의 비중을 늘려야 한다
- 승진만을 위한 고과가 되어서는 안 된다
- IT 기술과 연계해 즉시성을 확보해야 한다

도는 구체적으로 계측되기 어렵기 때문이다.

넷째, 고과와 다른 영역과의 연계 문제다. 과거에는 고과의 결과를 승진인사에 활용하는 정도가 일반적이었으나, 그 결과를 좀더 다양하게 활용할 필요가 있다고 생각한다.

마지막으로 고과가 즉시성이 있어야 한다. 제시한 항목을 충족하더라도 즉시성이 확보되어야만 경영활동에 유용한 제도가 되는 법이다. 이러한 관점에서 MBO[20]의 고과반영, 다면평정제도 도입, 반영 고과 구성비율 조정, 교육훈련 평정방법 개선, 내부 평가결과 및 윤리대상 가점 반영 등 가점평정 확대를 제도화했다.

MBO를 인사고과에 반영

우리 공사는 사장으로부터 현장의 과장에 이르기까지 MBO를 도입ㆍ

---

20) Management By Objective : 목표관리제

시행하고 있다. 목표는 전략경영계획·부서별 핵심추진업무·정부경영평가지표 등을 BSC 관점에서 설정하고, 상하 간 목표는 서로 연계되도록 했다. 구성원 각자가 자신의 목표달성이 조직의 목표달성에 이바지하도록 한 것이다. 평가의 공정성 강화를 위해 유사업무별로 평가군을 설정해 5등급으로 강제 할당하고, 종합근무평정(업무실적 30%)과 개인성과급 차등(내부평가 70%)에 반영했다.

근무성적평정 비율을 높이다

조직은 경력을 무시하고 완전히 능력위주로 운영하기가 매우 어렵다. 왜냐하면 성과계측이 정확히 나타나지 않는 상황에서는 자칫 인사권자의 독단으로 흐를 우려가 있기 때문이다.

그럼에도 인사고과는 업적과 능력에 따라 평가돼야 한다는 소신에는 변함이 없다. 다만 근무성적 계측을 정확히 함으로써 폐단을 최소화해야 하는 문제를 선결해야 한다. 이런 취지에서 '경력평정' 비율을 낮추고(25%→20%), '근무성적평정' 비율을 높였다(65%→70%).

다면평정제도 도입

업무능력 평정을 종전의 상사평정에서 다면평정으로 변경했다. 즉 상사평정[21] 60%·동료평정[22] 20%·부하평정[23] 20%를 합산해 평정하도

---

21) 상사가 부하를 평정하는 방법
22) 동료가 동료를 평정하는 방법
23) 부하가 상사를 평정하는 방법

록 한 것이다.

위계질서를 축으로 하는 보수적인 조폐공사 조직분위기에서는 이 제도의 도입이 가히 충격으로 받아들여졌다. 그 만큼 반발도 많았고 부작용을 우려하는 의견도 많았다. 업무실적평정이 종전 상사평정에서 MBO에 따라 내부 평가결과를 환산해 적용하는데, 업무능력평정마저 다면평정으로 변경했으니 상사가 무슨 수단으로 부하를 통솔할 것이며, 어떻게 부하로부터 평정을 받느냐는 불만이 제기되었다.

다면평정제도는 능력을 공정하고 객관적으로 평정해 성실하고 유능한 직원을 우대하기 위한 제도다. 상사에 대해서만 책임지고 복종해야 하는 종전의 평정제도의 폐해를 시정하기 위한 제도인 것이다. 관료주의적이고 침체된 조직분위기를 민주적이고 활력 있게 일신하기 위해서는 다면평정제도 도입이 불가피한 선택이었다.

한 조직의 리더나 리더가 되고자 하는 사람이 제일 먼저 갖추어야 할 덕목은 '인간미'라고 나는 확신한다. 능력의 차이는 종이 한 장 차이지만, '인간미'의 차이는 조직의 힘을 하나로 묶어 능력을 배가시킬 수도 있는 반면, 반대의 경우에는 조직을 위기에 빠뜨릴 수도 있기 때문이다.

'상사로부터 인정받는 부하', '동료로부터 신뢰받는 일원', '부하로부터 존경받는 상사', 이런 자질을 갖춘 직원이 간부직원으로 성장해야 하고, 이것이 다면평정제도 도입의 주요 사유다.

또한 자기평정을 실시하고, 다면평정 결과를 본인에게 통보해 줌으로써 자기계발과 반성의 기회를 확대하고 조직활성화에 기여하도록 했으며, 그 결과는 개인 성과급 차등(20%) 기준으로 활용하도록 했다.

● 다면평정 초기의 문제점

다면평정제도를 처음으로 도입하자 기존의 상사평정에서 기대할 수 없는 객관성 및 공정성이 제고되었다.

그러나 부하평정에서 관대화 현상이 나타나고 부하직원 수와 관계없이 획일적으로 평정자를 정해 객관성 문제가 제기되었다. 아울러 평정자의 평정능력이 미흡한 것으로 나타났다.

따라서 관대화 방지를 위해 평균평점점수의 30%를 상회하거나 하회하는 점수를 제외시켰고, 2명의 평정자가 상호 관대하게 평가한 평정항목 수가 80% 이상일 경우, 부하평정의 경우 평정자의 60% 이상이 특이평정을 한 경우에는 담합으로 여겨 무효처리했다.

또한 소속 부하직원의 수를 고려해 평정단을 구성하고, 평정능력 향상을 위한 교육을 실시함으로써 다면평정제도가 제대로 자리잡게 되었다.

● 다면평정 확대 및 내실화

다면평가가 어느 정도 자리를 잡자 다면평정 대상을 종전의 3급직원 이상에서 4급 보직과장까지 확대했다.

부하평정자를 종전의 소속부하에서 좀더 확대해 타부서 직원을 포함하도록 했으며, 평정요소도 책임감 · 경영의식에서 윤리의식을 추가해 실시함으로써 명실상부한 객관성과 공정성을 확보할 수 있었다.

능력개발 실적을 지속적으로 인사고과에 반영

늘 학습하고 연구를 게을리하지 않는 조직문화는 조직 발전을 위해 절실하다. 그런 이유로 막대한 비용을 투입하고 교육훈련을 실시하는 것이다.

우리 공사는 학습하고, 연구하는 조직문화를 통해 개인역량 강화를 도모하고자 '교육훈련평정'은 교육이수학점제를 도입 · 적용했다.

가점평정 확대

직무수행상의 공적으로 표창을 받았거나, 직무와 관련한 전문적인 학위 · 자격증 등이 있을 경우 추가로 부여하는 점수가 가점이다. 우리는 가점평정 범위를 확대함으로써 공사를 위해 열심히 노력해 상당한 성과를 거둔 직원에게 더 많은 기회가 돌아갈 수 있도록 했다.

구체적으로는 윤리대상 수상자 1.5점, 내부평가 우수부서 직원 0.5~1.0점, 우수지식인 · 산업재산권 취득 · 품질분임조 경진대회 입상 0.3~0.5점 등이다.

종합근무평정제도 혁신 내용			
구 분		종 전	변 경
근무 성적 평정	업무실적(30점)	상사평정	• MBO 평가결과 반영
	업무능력(40점)	상사평정	• 다면평정(상사 60%, 동료 20%, 부하 20%) • 자기평정
경력평정(20점)			• 경 력 : 25점→20점 (↓5점) • 근무성적 : 65점→70점 (↑5점)
교육훈련 평정(10점)		교육성적	• 이수학점제 도입 적용
가 점 평 정			〈추가〉 • 윤리대상 수상 : 1.5점 • 내부평가 우수부서 : 0.5~1.0점 • 우수지식인 · 산업재산권 취득 · 품질분임조대회 입상 : 0.3~0.5점

승진 및 보직 심사제도

'승진관리'는 인사의 핵심 중 하나다. 승진은 공사 입장에서는 직원의 능력과 성과를 인정해 발탁한다는 의미를 가지며, 직원 입장에서는 능력과 성과를 인정받아 발탁되었다는 의미다. 승진관리의 성패에 따라 조직문화가 확연히 바뀌는 것도 이러한 이유 때문이다.

승진관리의 경우 이런 중요성 때문에 여러 차례 제도개선을 거쳐 공정성을 높이고자 노력했지만, 한정된 자리로 인해 경쟁이 치열하고 아직까지도 부분적으로 공정성에 의문을 제기하는 분위기다.

지금까지 3급 이상 간부직원으로 승진시 종합근무평정에 따른 승진 후보자 중에서 중앙인사위원회의 심의와 사장의 결재로 승진자를 결정했다. 그러다 보니 나를 포함한 인사권자의 기준으로는 승진자가 합당하더라도 직원 입장에서는 다소 의문을 제기하는 경우도 발생할 수 있기에 승진심사위원회를 구성해서 운영했다. 이는 다면평정제도 도입 취지와 맥을 같이한다. 즉 인사권자 입장에서는 관리자로서의 자질과 성과가 충분하다고 판단하더라도 다른 측면에서는 그 반대의 경우도 충분히 있을 수 있기 때문이다.

승진심사위원회는 사장이 심사 당일 비공개로 소집함으로써 심사의 객관성과 공정성을 높이고, 사전 담합 등 부작용의 소지를 예방하도록 했다. 심사항목은 관리자적 자질 · 업무실적 · 직무수행능력 · 청렴성 등으로 정했다. 각 심사위원이 무기명으로 독립심사하고, 심사위원 1인당 100점 만점으로 채점해 평균한 점수를 승진 예정인원의 2배수로 뽑아 서열화하도록 했다.

앞으로는 인사관리의 다른 한 축인 인력의 적재적소 배치, 즉 '보직관리'를 위해 보직심사위원회 구성을 추진할 예정이다.

사내공모제 확대

21세기 기업이 요구하는 인재상은 'Specialized Generalist[24]' 다. 또한 이러한 인재를 모집하는 방법으로 외부모집과 내부모집이 있으며, 사내공모제는 내부모집제도 중 하나다.

사내공모제는 내부인재의 활용도를 극대화하고 사람중심의 인사관리에서 직무중심의 인사관리로 변환해 맞춤형 인사관리를 구현하는 것이다.

우리 공사는 2001년에 사내공모제를 도입했다. 그리고 2002년 사내공모제 활성화기를 거쳐 2003년 이후에는 상시 사내공모제를 실시하고 있다. e-HRM시스템 구현으로 가능해진 것이다.

종전에는 한시적 직무를 중심으로 사내공모를 실시했으나 전문적 직무로까지 그 직무범위를 확대했다.

적임자 선발의 공정성을 확보하기 위한 조치도 준비했다. 조직가치 중시 분야는 사내직원으로 추천위원회를 구성하고 직무전문성 중시 분야에서는 사외인사를 포함한 추천위원회를 구성해 운영한 것이다.

---

24) 창조적 · 도전적이며 전문능력과 일반 관리능력이 조화된 인재

또한 사내공모는 주로 간부직원에 한해 실시했으나 새로운 업무 수행을 위해 필요할 경우에는 일반직원으로까지 확대했다. 예를 들어 특정 연구과제 수행을 위한 연구원과 고객관리 업무를 전담할 직원을 공모한 경우가 이에 해당한다.

희망휴직제 도입과 외부인력 풀 확보

특히 우리 공사의 경우 사업량 변동이 심하고, 사업량 수준이 공사의 의지보다는 외부 여건과 발주기관 사정에 따라 좌우되기 때문에 인력운영에 어려움이 많다.

즉 사업량이 적정 사업량보다 초과할 때는 인력이 모자라고, 미달할 때는 인력이 남아서 문제가 발생하는 것이다. 인력이 모자랄 땐 채용하고, 인력이 남으면 해고할 수 있는 고용의 유연성이 있다면 큰 문제는 없으나 현실은 그렇지가 않다.

근본적인 대책을 마련하지 않으면 안 되었다. 현재 우리는 사업량 증감에 대비해 노동조합과 협조하여 희망휴직제를 도입하고, 외부인력 풀을 확보해 운영한다.

희망휴직제

2004년에는 사업량이 급감해 은행권을 제외한 주화 · 수표 · 우표 등 주종 사업량이 적정 사업량에 크게 미달했다. 적게는 50명 정도에서 많게는 100명 정도까지 인력이 남아돌아 공사는 인력운영에 어려움이 많았고, 직원은 직원대로 일거리가 없으니 답답하고 고용불안까지 느끼는 지경에 이르렀다.

고육지책으로 고용유지훈련 · 직무전환교육 등의 훈련을 실시해 여유인력을 해소하려고 노력했지만, 임시방편일 뿐 근본적인 해결책은 되지 못했다.

이에 노동조합과 협의해 희망휴직제도를 마련했다. 희망휴직제도는 사업량이 미달해 여유인력이 발생했을 경우, 직원의 희망에 따라 한시적으로 실시한다. 여유인력이 발생했거나 발생이 예상되는 부서의 직원이 희망휴직 대상 기준이 된다.

그러나 업무에 지장을 초래하거나, 휴직기간 중에 있는 직원을 제외시켜 업무 수행에 지장이 없도록 했다.

이에 따라 2004년에는 여유인력 45명이 희망휴직을 선택했다.

외부인력 풀

사업량이 적정 사업량보다 초과할 경우에는 소요 인력확보가 중요한 문제가 된다. 특히 특수기술인 조폐기술을 가진 인력을 필요할 때마다 즉시 채용하기는 어려운 실정이다. 더구나 '가' 급 보안시설에서 근무해야 하므로 신원도 확실해야 하기 때문에 어려움은 가중된다.

이러한 사업환경의 변화에 대응하기 위해 퇴직직원들을 일반직원에 준해 관리할 필요성이 있었다.

공사의 필요에 따라 사업량 증가시 즉각적으로 협력직원으로 활용하기 위한 협력직원 관리기준을 제정하고, 퇴직직원에 대한 정보를 DB화해, 근무 가능한 분야별로 경력직원 풀을 구성했다.

또한 퇴직직원의 나이 및 근무기간을 기준으로 지속적으로 관리하

며, 경력직 협력사원을 채용할 때에는 인력 풀 등록자 중에서 선발함
으로써 사업목표 달성에 차질이 해소될 수 있었다. 현재 우리의 인력
풀은 인쇄·주화·제지·관리 분야로 구분해 관리하며, 총인원은 200
명에 이른다.

조직혁신

핵심기능 위주의 인력 재편

비전 달성을 위해서는 지속적인 혁신이 필수조건이다. 따라서 우리 공사는 혁신의 바탕 위에 고객만족경영 체제를 정착시키고, 새로운 조폐 기술 개발과 함께 신규 사업 진출을 추진했다.

이러한 경영전략을 수행하기 위해서는 조직과 인력도 재편될 필요가 있었다. 그리고 직무체계분석 · 직무조사 · 직무분석을 실시했다.

그 결과 경영기획 · 핵심기술 · 연구업무를 '내부개발직무 그룹'으로, 신규 사업 진출에 필요한 첨단기술 분야를 '외부획득직무 그룹'으로, 조직유지에 필요한 일반관리직무와 사업지원업무는 '공유직무 그룹'으로, 단순반복직무와 감시단속적인 직무는 '계약직무 그룹'으로 분류했다.

인력은 '내부개발직무 그룹'을 중심으로 정원을 책정해 운영하고, 채용과 교육도 이 그룹을 중심으로 이루어진다. '계약직무 그룹'은 단계적으로 아웃소싱을 추진한다. 그리고 '내부개발직무 그룹'을 더욱 발전시켜 점진적으로 '외부획득직무 그룹'을 줄여나가는 정책을 추진하기로 방침을 정했다. 2005년 초에는 중장기경영계획과 연계해 세부 추진계획을 수립할 예정이다.

미래 성장동력 창출을 위한 혁신경영체제

'변화'와 '개혁'은 일상화되어야 한다. 만약 '변화'와 '개혁'을 게을리해 경쟁력을 상실하고 국민과 고객으로부터 외면당한다면, 공기업으로서의 존립기반이 흔들릴 수밖에 없다.

즉 '경영혁신'·'윤리경영'·'고객만족'이 세 가지가 삼위일체가 되어 움직일 때, 비로소 미래의 성장동력 창출이 가능할 것이다. 따라서 이들 핵심업무를 수행할 '혁신경영팀'을 신설해 사장 직속으로 편제했다.

KOMSCO의 조직은 기획·관리 기능을 담당한 본사와 제품을 생산하는 각 조폐창으로 구성돼 있었다. 이러한 조직은 화폐의 제조라는 KOMSCO의 기본사명 수행에 가장 알맞은 조직이고, 창립 이래 대체로 이런 형태를 유지해 오고 있다. 직원들도 이런 조직에 익숙해 있다.

그러나 급변하는 주변의 경영환경은 새로운 변화를 요구했다. 2002년을 기점으로 매출액이 감소하기 시작한 것이다. 기존 사업은 확고히 수성하고, 신규 사업은 적극적으로 진출해야만 살아남을 수 있는 절박한 상황을 맞은 것이다.

미래의 경영환경의 최대 화두는 무엇인가? 다름 아닌 '고객' · '사람' · '기술'이다. '고객으로부터 존경받는 기업'이 되어 '고객의 가치'를 창출해야만 생존할 수 있고, 이를 위해서는 '사람과 기술'이 뒷받침되어야 한다. 고객으로부터 존경받는 기업은 투명한 경영을 기초로 윤리적인 기업이 돼야만 가능하다.

고객접점 조직 강화

서울 지역에 고객지원 센터 설치

적극적 의견 수렴과 찾아가는 고객지원 방안의 일환으로 서울 지역에 '고객지원 센터'를 설치했다. 우리 공사의 고객 대부분이 서울 지역에 위치하고 있음에도 불구하고, 본사가 대전인 관계로 고객과의 긴밀한 접촉과 즉각적인 서비스가 어려웠다. 이를 개선하고, 나아가 적극적인 신규 시장 개척활동이 쉽도록 전담조직을 설치한 것이다.

위조방지 센터 설치

위조 문제가 사회적인 이슈로 등장함에 따라 위변조방지를 위한 공사의 역할을 강화하기 위해 '위조방지 센터'도 설치했다. 또한 위조 식별요령 및 기술에 대해 국민 홍보활동을 전개해 나갔다.

게다가 위변조감식 및 방지방법 협의를 위해 한국은행을 비롯한 관련기관과 위변조방지협의회를 구성해 운영중이다.

우리의 주력 사업 중 하나인 수표류는 수요처 75%가 중부권 이북에 위치하고 있지만 그 동안 경상북도 경산에 위치한 경산조폐창에서 생산해 출고해 왔다. 이 때문에 중부권 이북 지역 고객들에게 많은 불편을 가져다 주었다. 즉 물류비용이 증가하고, 긴급 제품시 공급차질 등의 불편을 초래한 것이다.

이 문제를 개선하기 위해 수표류 출고지를 중부권인 충남 부여조폐창으로 이전했다. 그 결과 물류비용이 대폭 감소했고, 물류 이동시간도 2시간 정도 단축되었다.

새로운 도전, 신규 사업 강화

신규 사업팀은 상품화 가능한 제품을 개발하고, 개발된 제품에 대해서 사업화를 추진해야 한다. 이를 위해 신제품 개발팀과 신규 사업팀을 신설했다.

신제품 개발팀은 말 그대로 새로운 제품을 개발하는 업무를 수행한다. 1차적으로 사진전사 여권에 이어 생체인식 여권을 개발하고, DOVID[25] 사업도 추진하고 있다.

향후, 기술연구소의 연구개발 중 제품화가 가능한 부분이나 고객

---

25) Diffractive Optically Variable Image Device : 광가변요소-보안 홀로그램

또는 시장이 요구하는 제품을 지속적으로 개발할 수 있다.

신규 사업팀은 사업화가 가능하다고 판단한 KOMSCO 브랜드 사업과 귀금속 인증업무 수행을 위해서 서울에 상주하며, 신규 사업을 개척하도록 했다.

특수인쇄제품·특수주화제품 및 일반인을 대상으로 하는 제품의 영업개발을 동시에 추진하고, 쇼핑몰을 운영해 사이버 공간에서도 영업하도록 했다.

팀제 확대

팀장의 책임과 권한 아래 수행되는 업무추진으로 업무능률을 향상시키고, 결재단계 축소로 경영환경 변화에 빠르게 대응할 수 있는 팀제를 본사 및 연구소는 물론 각 조폐창 관리부문까지 35개 팀으로 확대하는 조직개편을 단행했다.

우리 공사는 보안성과 정확성이 요구되는 사업의 특수성 때문에 생산부문에서 관리부문에 이르기까지 사장→이사→처장→부장→과장으로 이어지는 전통적인 계층조직을 유지해 왔다.

그러나 계층조직은 보안성과 정확성이 중시되는 생산현장 조직에는 적합하지만, 다양한 정책의 입안과 신속한 의사결정이 요구되는 (본사를 비롯한 관리부문과 연구업무를 수행하는 연구부문) 조직형태로는 적합하지 않다. 뿐만 아니라, 직원 개개인의 역량과 전문성 발휘에 장애가 된다.

팀장은 간부직원은 물론 평직원까지도 될 수 있으며 간부직원도 실무자인 팀원으로 근무하고 있다.

팀 조직 운영에 관한 직원 설문결과 대다수 직원이 신속한 의사결정과 자율성 확대라는 측면에서 매우 긍정적인 의견을 보였다. 그리고 팀 구성원의 다양한 의견과 전문성을 바탕으로 한 업무성과가 향상되는 결과를 낳고 있다.

또한 팀 조직 운영에 관한 성과평가를 실시하며 팀장교육, 팀 빌딩교육 등으로 팀 운영의 문제점을 사전에 방지해 조직구조의 유연성이 확보되었다.

CFT

급변하는 경영환경 변화에 신속히 대응할 수 있는 프로젝트가 필요하다. 동태적 업무성격으로서 기존 조직이 수행할 경우 업무저하가 우려되는 프로젝트에 대해서는 CFT[26]를 활용했다.

그리고 기업이념 제정·CI·구성원의 마인드 확산을 위해 기업 이미지 개선팀 운영, 제지부문 업그레이드 추진을 위한 제지시설 보완팀을 운영했다.

또한 조직운영의 효율성을 위해 비상설조직을 활용했다. 주40시간 근무제 도입과 관련해 '노동환경변화특별대책반', 매출증대를 위한

---

26) Cross Function Team : 다기능팀

‘매출증대팀’, 신제품 개발을 위한 ‘신제품 개발팀’, 스마트카드[27]통합 시스템 및 광가변요소[28]사업의 기술자문과 정보수집을 위해 ‘신규 사업자문위원회’ 등을 운영했다.

특히 매출액 감소에 따른 적자경영의 위기를 극복하기 위해 구성한 ‘경영개선특별대책반’은 경영위기를 극복하는 데 큰 역할을 했다. 2004년 8월 18일부터 12월 31일까지 운영해 당초 예상한 73억 원에 이르는 적자를 98억 원의 흑자로 바꾸어놓았다.

---

27) IC 메모리와 중앙처리장치(CPU)를 탑재한 반도체 칩이 매입되어 있는 카드. 자기 카드에 비해 기억 용량이 크고 CPU가 내장되어 처리 능력이 있기 때문에 스마트카드라 일컫는다. 암호 처리, 접속 대상의 인증, 기억 데이터의 관리 등 보안기능이 뛰어나 안정성이 높고 위조가 불가능한 특징을 갖춰 은행카드, 신분증명 카드에 쓰임
28) 보는 각도에 따라 색깔이 달라지는 물질

성과보상 시스템

성과가 있으면 그에 대한 보상이 따라야 한다. 합당한 성과보상 시스템 구축은 동기부여를 통해 조직의 체질을 강화하고, 우수한 인재확보 및 유지를 위해 반드시 필요하다. 그럼에도 불구하고 지금까지 연공서열에 기초한 기본급에 치중했고, 성과급에 대해서는 불필요한 경쟁을 유발한다는 부정적 인식이 팽배해 있었다. 열심히 일하는 풍토를 조성하기 위해 종합성과보상제도를 도입하고, 내부평가제도를 획기적으로 개선했다.

종합성과보상제 도입

공사의 성과보상제도는 지식관리규정 등 9개 사규나 지침에 따라 시행되었다. 이와는 별도로 '경영성과 우수실적 포상' · '자랑스러운 조폐인' · '최우수 조폐기술인상' 등을 운영한다. 이렇다 보니 각종 보상제도가 유기적으로 연계되지 않고, 일부는 그 본래의 취지가 퇴색되었거나 유명무실하게 된 경우도 있었다.

성과보상제도는 기업이념 달성을 위한 경영전략의 하나다. 이 제도를 통해 직원의 마인드 및 행동 변화를 유도하고 스스로 역량을 개발하도록 동기를 부여할 수 있어야 한다.

즉 혁신을 주도하는 직원이나 집단에게 공정하고 객관적으로 차별화된 보상을 제공함으로써, 열심히 일하는 사람이 그 성과에 걸맞은 대접을 받는다는 바람직한 기업문화가 정착될 수 있다. 이를 위해 종합성과보상 시스템을 도입했다.

새로 구축된 종합성과보상 시스템을 기업이념과 연계시키고, 기업 전반적인 관점에서 보상체계를 갖추기 위해 보상 4대 원칙을 정했다.

- 공개적이며 객관적인 방법을 통한 보상
- 직원 스스로 동기유발이 가능한 특별하고 차별된 보상
- 일회성 보상이 아닌 인적자원관리와 연계된 보상
- 적시 보상과 사후관리를 통해 새로운 가치를 창출하는 보상

혁신성과에 대한 포상제도 마련

기업이 생존하기 위해서는 상시적이며 지속적인 혁신이 기업전반에 걸쳐 추진돼야 한다. 혁신경영을 추진하기 위해서는 이에 걸맞은 성과보상체계가 구축되어야 하고 그래야만 'Plan →Do →See' 사이클이

완성된다. 이러한 취지로 1년에 한 번씩 혁신성과에 대해서 최고 기여자를 혁신리더(innovation leader)로 선발해 파격적으로 포상을 실시한다. 변화경영 추진에 대한 동인(動因)을 제공하는 것이다.

고객만족경영의 정착 3MVP

게임에서 가장 우수한 성적을 낸 사람을 MVP(most valuable player)라 하는데 MVP에게는 많은 상금도 주어지지만 무엇보다도 선수들에게는 가장 명예스러운 칭호다.

기업이념에서 '고객의 가치창출'을 우리가 지향하는 최고의 가치라고 선언한 것처럼 고객은 우리의 생명줄이나 다름없다. 고객만족에 대한 성과를 측정하고 이를 확실히 정착시키기 위해 KOMSCO 3MVP를 반기별로 선발하도록 했으며, 1년에 한번씩 고객리더(customer leader)를 선발하고 있다.

초일류 조폐기술기업의 견인차 기술 리더

한국조폐공사의 기업이념은 '기술', '혁신', '정성'으로 초일류 조폐기업이 되고자 했다.

우리의 기업이념 구현을 견인할 기술 리더를 1년에 한 번씩 선발하

KOMSCO 3MVP	
● 기술(Quality Satisfaction : QS)	제품품질만족 최우수 직원
● 혁신(Service Satisfaction : SS)	내부고객만족 최우수 직원
● 정성(Image Satisfaction : IS)	고객이미지제고 최우수 직원

기로 했는데 기술인의 자긍심을 고취시켜 기술개발에 기여하고자 함이다.

KOMSCO 명예의 전당 KLG

혁신 리더, 고객 리더, 기술 리더를 선발하더라도 하나의 세력으로 결집시키지 않으면 이들에게 나은 성과를 기대할 수 없다. 따라서 이들로부터 새로운 성과를 창출하기 위해 KLG[29]를 만들고, 각 리더들을 부문별 컨설턴트로 활동하게 하고, 경영정책에 자문기구로 활용할 것이다.

미래를 대비한 성과보상제도

"KOMSCO의 미래는 무엇에 달려 있는가?", "우리를 위협하는 것은 무엇인가?"라고 물었을 때, 대부분의 직원은 매출감소라고 대답한다. 매출감소는 사업량이 줄어든 결과며, 이는 우리의 삶의 터전을 빼앗아 갈 것이다.

매출감소가 디지털 기술 발달에 따른 구조적인 것에 기인하므로, 매출액 증대를 위해서는 신규 사업을 개발하거나 기술을 개발해 판매해야 한다.

이러한 일은 여러 가지 어려움이 따른다.

---

29) KOMSCO Leader's Group

그러나 지금보다 더 절박한 경영환경이 곧 닥칠 것이다.

이렇듯 예견되는 미래에 대비해 경영자원을 매출증대에 집중하고 전직원은 세일즈맨이 될 수 있도록 동기를 부여할 필요가 있었다.

이런 취지에서 제품판매나 기술판매에 대해 획기적으로 포상할 수 있도록 제도를 신설했다.

BSC 관점의 성과보상제도 구축

전례답습(前例踏襲)하는 것은 가장 안전한 방법인지도 모른다. 검증을 받았고 시빗거리도 없다. 그래서 대부분의 사람은 전례답습을 쉽게 포기하지 않는지도 모른다. 그러나 이를 포기하지 않으면 발전할 수 없다.

우리 조직은 전례답습을 포기하도록 하기 위해 성과제도 전반에 걸쳐서 재검토 작업을 진행했다.

혁신 · 고객 · 기술부문에 포상제도를 신설하고 고객관점 · 재무관점 · 프로세스관점 · 학습 및 성장관점, 즉 BSC 관점에서 직원들의 성과를 측정해 포상하도록 조치했다.

각 보상제도 간 보상기준을 통일하고, 형평성과 공정성을 유지할 수 있도록 조정함으로써 업무 전반에 걸쳐 균형이 잡힌 보상제도가 완성된 것이다.

KOMSCO 종합 성과보상 시스템 체계

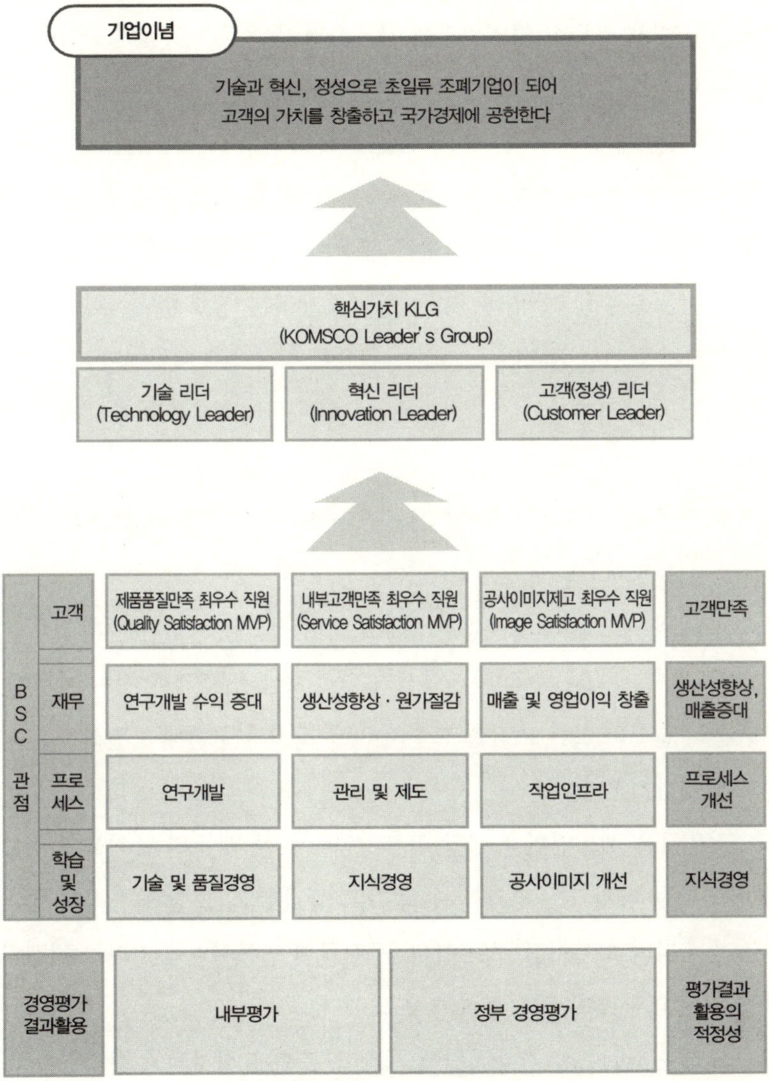

기업이념

기술과 혁신, 정성으로 초일류 조폐기업이 되어
고객의 가치를 창출하고 국가경제에 공헌한다

핵심가치 KLG
(KOMSCO Leader's Group)

기술 리더
(Technology Leader)

혁신 리더
(Innovation Leader)

고객(정성) 리더
(Customer Leader)

BSC 관점

고객

제품품질만족 최우수 직원
(Quality Satisfaction MVP)

내부고객만족 최우수 직원
(Service Satisfaction MVP)

공사이미지제고 최우수 직원
(Image Satisfaction MVP)

고객만족

재무

연구개발 수익 증대

생산성향상 · 원가절감

매출 및 영업이익 창출

생산성향상,
매출증대

프로세스

연구개발

관리 및 제도

작업인프라

프로세스
개선

학습 및 성장

기술 및 품질경영

지식경영

공사이미지 개선

지식경영

경영평가
결과활용

내부평가

정부 경영평가

평가결과
활용의
적정성

내부평가제도

기업이 현재 당면한 경영위기를 극복하기 위해서는 기업의 군살을 제거하고 경쟁력 있는 부문에 핵심역량을 집중시켜 수익성을 제고시켜야 한다. 이렇듯 기업의 핵심역량을 집중토록 유도하는 것이 내부평가제도다. 즉 내부평가제도는 기업의 당면과제를 해결하고 더욱 경쟁력 있는 방향으로 성장할 수 있도록 돕는 '성장동력'과 같다. 성장동력 없이는 목표설정ㆍ책임과 권한ㆍ운영체제라는 실행계획을 아무리 상세하게 수립했다 할지라도 기업을 목표한 방향으로 이끌어갈 수 없다.

또한 내부평가제도는 자체적으로 객관성과 공정성을 확보해야 한다. 그리고 각 구성원에게 동기를 부여할 수 있도록 금전적, 비금전적 보상과 충분히 연계시켜야만 기업의 비전 및 전략적 목표달성이라는 목적을 효과적으로 달성할 수 있다.

우리 공사도 과거 오랫동안 내부조직의 성과를 평가하는 제도를 운영해 왔다. 그러나 조직별 전략성과 달성 여부를 평가한 것이 아니라, 단순히 열심히 일한 조직을 그렇지 않은 조직과 구별해 차별화하는 정도에 지나지 않았다.

직원들은 제조업의 특성상 업무영역이 다른 부문의 조직들을 동일한 잣대를 가지고는 평가할 수 없다고 생각했고, 보상과 승진이 성과평가에 따라 이루어진 것이 아니라, 직급별 연공서열에 따라 이뤄졌기에 그에 대한 필요성을 절실히 못 느꼈다.

그러나 3급 이상 간부직원에 대해 연봉제가 실시되고 성과평가 결과를 직접적으로 인센티브와 인사고과에 반영하기 시작하자, 좀더 정확하고 객관적인 성과평가제도 구축에 대한 요구가 끊임없이 일기 시작했다.

이에 따라 2001년에는 BSC에 기초한 내부평가제도를 도입하고 지속적으로 보완 · 발전시켜 최적의 BSC 내부평가 시스템을 구축했다. BSC는 재무 · 고객 · 내부 프로세스 · 학습 및 성장 관점으로 평가지표를 구성해 기업이 장기적으로 성장하고 경쟁력을 갖추기 위해 도입된다. 따라서 단기적인 재무성과뿐 아니라, 장기적인 변화의 준비과정도 균형 있게 평가하고자 하는 데 의의가 있다.

전략성과 달성 여부를 평가받는 것이다

회사의 가치(value)나 운영철학은 기업의 비전 · 경영전략 · 연도별 경영목표 등에 담겨 있다. 모든 구성원에게 "회사가 가장 중요하게 생각하는 것은 무엇인가"를 알리고 실천에 옮길 수 있도록 동기를 제공해야 한다. 서로 다른 부문에서 다른 업무를 수행하더라도, 회사가 추구하는 가치관이나 철학을 모든 구성원이 깊이 인지하고 충실히 실천할 때, 목표달성에 대한 노력을 강화시킬 수 있다.

우리 공사는 '세계 일류 조폐기술 기업'이라는 비전을 달성하기 위해 설정한 중장기 전략목표를 기본으로 총 116개의 전략지표를 골라서 지표 풀을 구성했다. 이러한 전략지표의 목표달성은 직원들의 역량에 바탕을 두기 때문에 직원들의 역량개발을 유도할 수 있도록 학습과 성장관점에도 일정부분 비중을 두어 구성했다.

과거 "어떤 일이든 열심히만 하면 된다"는 업무수행 태도에서 이제는 공사의 비전과 전략을 이해하며 "어떤 일을 어떻게 열심히 해야 하는 것인가"를 모든 직원이 인지하게 되었다. 즉 공사의 BSC 내부평가 시스템을 통해 "열심히 일한 것을 평가받는 것이 아니라, 다만 전략성과 달성 여부를 평가받는 것이다"라는 사실을 모든 직원이 인지함과 동시에 전략의 중요성을 인식하기 시작한 것이다.

평가의 객관성과 공정성 확보

평가의 객관성과 공정성은 개인의 회사성과에 대한 공헌도가 평가결과에 제대로 반영돼야 한다. 평가기준 또한 모든 구성원이 똑같은 관점으로 평가결과를 바라봐야만 확보될 수 있다.

우리 공사는 평가의 객관성과 공정성을 확보하기 위해 아래 두 가지 사항을 중점추진과제로 선정해 추진했다.

첫째는 평가의 모든 진행과정을 전직원이 모니터링할 수 있도록 투명한 시스템을 구축하는 것이며, 둘째는 평가 프로세스를 새롭게 정비해 평가제도 자체가 갖는 단점을 최소화할 수 있도록 제도적으로 장치를 마련하는 것이었다.

이러한 취지에 부합하기 위해 온라인 평가 시스템을 구축했고, 그에 따라 실시간으로 조직별 성과와 지표별 실적을 확인해 부진한 실적에 대한 피드백을 실시할 수 있었다. 현재 우리 공사의 시스템은 전체 데이터의 80% 이상이 ERP[30]로부터 자동산출된다. 그리고 실시간 모

---

30) Enterprise Resource Planning : 전사적자원관리 시스템

니터링이 가능하기 때문에 모든 과정이 투명하다.

평가 프로세스 개선을 위해서 우선 평가군을 업무의 유사성을 기준으로 재분류했다. 기존의 평가군은 조직체계에 따라 분류되어 동일 평가군 내에 업무성격이 다른 평가단위가 존재하는 등 불합리했다. 이런 점을 수정하기 위해 평가군을 업무성격에 따라 6개군으로 재편했다.

또한 평가주체에도 변화를 주었다. 기존에는 직속 상사가 1, 2차 평가를 실시했지만, 직속상사에 의한 평가의 단점인 정실이 개입될 수 있다는 문제점을 개선하기 위해, 업무분야별 내부 및 외부전문가로 구성된 평가단을 구성해 평가하도록 했다. 그리고 '평가단 심의위원회'를 구성해 평가자의 자질에 대한 심사를 실시하도록 제도화시켜 평가단의 업무 전문성을 추구했다. 이 밖에 공사는 비계량 및 계량 평가단위를 확대해 변별력을 확보할 수 있도록 했다. 게다가 목표설정 주기도 반기 단위에서 월 단위로 변경하여 목표 대비 실적에 대한 피드백을 강화했다.

평가의 객관성과 공정성을 확보하기 위한 일련의 노력의 결과, 공사는 과거에 비해 내부평가제도 운영의 효율성을 제고할 수 있었다. 무엇보다도 최고경영자의 의사결정을 용이하도록 하는 역할을 수행할 수 있었다.

종합성과보상제도와 연계

현재 우리 공사는 성과연봉을 부서 및 개인 성과급으로 구분한다. 부서성과급에는 내부평가 결과를 70% 반영하고 있다. 개인성과급은 맡은 직무의 중요도에 따라 결정되는 직무평가 결과 10%와 다면평정 결과 20%를 반영해 평정인원을 S, A, B, C, D, E, F 각 등급별로 배분, 최종 성과연봉 지급률을 차등화한다. 1급의 경우 2003년 최대-최소 간 180%의 차등률을 보이고 있다. 이는 인센티브 지급률 대비 차등액에서 공기업 최고 수준이다.

금전적 보상이 우수집단과 인재를 확보·유지하는 데 매우 중요한 요소라는 점은 분명하다. 그러나 그것이 전부가 되어서는 안 된다. 우수인재는 경력개발 기회·도전적 직무·책임과 자율성·일의 즐거움·승진 등 비금전적 요소를 더 중요시한다는 연구결과를 Mckinsey[31]에서도 발표한 바 있다.

우리 공사는 내부평가 결과에 따른 금전적 보상 외에 종합근무평정의 업무실적에 내부평가 결과를 30% 정도 반영하고 있다. 일반직원이 간부직원으로 승진하고자 할 경우, 종합근무평정 결과에 따라 승진후보자 그룹을 구성하는데 내부평가 결과가 30%를 차지한다는 의미는 그 만큼 철저하게 능력에 따른 승진을 실시한다는 반증이다.

그 밖에도 평가 우수부서 유공직원에 대해 국내·외 연수 및 산업시찰에 우선권을 부여하고, 포상을 실시하는 등 새로운 혁신을 지속적으로 추진하고 있다.

---

31) 시카고 경영대학원의 교수를 역임한 James O. McKinsey가 설립한 경영자문회사

임금 피크제 도입

임금 피크제는 정년을 보장 또는 연장해 주되, 일정한 연령부터는 임금을 삭감하는 제도다. 요즘 경영계의 화두는 단연 임금 피크제인 듯하다. 회사 입장에서는 인건비절감과 함께 조직에 활력을 불어 넣을 수 있고, 근로자 입장에서는 고용불안에서 해방될 수 있다는 점에서 긍정적으로 평가할 만하다는 생각이다. 이는 근로자들이 명예퇴직보다는 임금 피크제를 더 선호한다는 여론조사 결과에서도 잘 나타난다.

그러나 우리 공사의 경우는 제도 도입에 많은 난관이 있다. 노동조합과 비공식 대화를 통해 임금 피크제 도입을 타진했으나 일언지하에 거절당했다. 아마 임금삭감의 수단으로 악용될 소지가 있다는 우려 때문인 듯하다. 사실 공사 입장에서도 생산현장 근로자가 대부분인 인력구조상 정년연장이 부담스럽기는 마찬가지다.

그래서 인사혁신의 일환으로 간부직원을 대상으로 직급정년제와 연계해 도입할 계획이다. 즉 3급 이상 간부직원으로 승진한 후 일정기간 동안 차상위직으로 승진하지 못하면 그 시점에서 임금인상을 정지시키고, 임금 피크제를 적용받은 후 3년 내에 승진을 못하면 보직을 해임해 일반직원과 함께 팀원으로 근무하도록 한다는 내용이다. 일부 간부직원의 불만은 있겠지만, 조직에 활력을 불어 넣기 위해서는 불가피하다는 생각이다.

인적자원 개발

티라노사우르스를 움직이는 메커니즘

공룡의 대명사로 알려져 있는 티라노사우르스는 몸길이가 15m, 몸무게 6톤으로 완전히 다 자라면 아프리카 코끼리만큼 크고 무겁지만 두 발로 걸어다녔다. 게다가 시속 40km까지 속도를 낼 수 있고, 성질이 아주 용감했다고 한다. 그러나 모든 육체를 움직이는 뇌는 불과 200g밖에 되지 않았다.

비유가 적절한지는 모르나, 이와 마찬가지로 모든 조직은 티라노사우르스의 팔, 다리, 신경계, 뇌에 해당하는 생산시설, 조직체계, 조직원을 보유하고 있다. 티라노사우르스가 뇌를 통해서 팔, 다리를 움직이듯 조직을 움직이는 것은 뇌에 해당하는, 바로 사람인 것이다.

티라노사우르스가 최강자로 군림할 수 있었던 이유는 빠르고, 두려움 없이 공격하고, 효과적으로 자신을 방어할 줄 알았기 때문이다. 용감하거나 겁쟁이가 되는 것은 덩치에 있는 것이 아니라 두뇌의 차이, 즉 뇌에 저장된 프로그램의 차이다.

조직이 강해지려면 보유시설이나 조직체계도 중요하지만 조직원들이 창의성과 도전적인 정신을 가지고 업무를 수행해야만 약육강식의 경영환경에서 살아남을 수 있다.

인적자원(HR[32]) 전략

HR전략 수립

과거 경제의 3대 요소(자원)로 토지, 자본과 함께 노동(Labor)이라는 용어를 사용했지만, 이제는 노동 대신에 인적자원(HR)이라는 용어를 쓴다. 피터 드러커(Peter F. Drucker)[33]는 지식경제시대의 도래를 주장하며 '경영'의 정의로 인적자원의 생산성을 꼽는다. 지식경제사회에서 지식은 기업의 한 가지 자원(a resource)이 아니라, 기업의 성패를 좌우하는 자원 그 자체(the resource)가 되었다. 그 지식의 주체는 사람이기 때문이다.

---

32) Human Resource : 인적자원
33) 1909년 11월 오스트리아 빈에서 태어난 세계적인 미래학자. 저서로 《Next Society》, 《21세기 지식경영》 등이 있다

치열한 경쟁은 창의적 · 혁신적인 인적자원을 요구한다. 따라서 창의적이고 혁신적인 사고를 갖추고 탁월한 적응력으로 핵심역량 강화에 기여하는 고급인력의 효과적 관리가 기업경쟁력의 중요한 원천이다. 이러한 인력을 확보하기 위해서는 일을 잘 하는 사람이나 무사안일하게 하루를 보내는 사람이 동일한 대우를 받는 조직문화가 혁파되어야 한다. 그렇지 않으면 열심히 일하는 사람이 바보가 되는 조직문화가 형성되어 조직의 인적자원이 하향평준화되게 마련이다.

우리나라는 과거 수년 간 인건비상승률은 세계 최고를 기록했지만 생산성이 이에 따르지 못했다. 생산성향상이 동반되지 않는 인건비상승은 글로벌 경쟁에서 우리 경제를 후퇴시키는 주원인이 되고 있다. 그렇다고 해서 경영자가 마음먹은 대로 생산성을 향상시킬 수 있는 것은 아니다. 생산시설의 한계, 인간으로서의 한계 및 기업이 처한 경영환경이 경영자의 의지를 가로막기 때문이다.

그렇다면 어떻게 대처할 것인가? 그 해답은 앞에서 언급한 것처럼 티라노사우르스의 팔과 다리가 하는 일처럼 정형화되어 있는 일은 IT · 로봇 · 자동화에 맡기고 조직원들은 비정형화된, 즉 뇌가 하는 일을 하도록 조직의 핵심인재를 확보 · 육성 · 유지해야 한다.

이러한 취지에서 선진기업들은 벌써 핵심인재를 공격적으로 채용하고 있으며, 핵심인재를 유형에 따라 구분 · 관리함으로써 핵심인력유지에 주력한다. 그리고 평가와 보상의 기준을 조직가치에서 노동시장가치 기준으로 전환해 시장가치와 성과기여도에 따라 파격적인 보상을 실시하고 있다. 또한 핵심인재 육성을 관리자의 중요한 임무로 부여하고 있다. 우리 공사도 핵심인재를 확보 · 유지하기 위해 채용 ·

육성 · 관리 · 평가 · 보상제도를 혁신하는 HR전략을 다음과 같이 수립 · 추진하고 있다.

- 인적자원 확보 · 관리 · 육성 전략
- 반칙을 허용하지 않는 공정한 인사제도 혁신
- 고성과(高成果) 조직으로 가기 위한 성과측정 및 보상 시스템 혁신

인적자원 확보 · 육성 · 관리 전략

우리 공사는 50년 넘게 제조업을 영위해 왔기 때문에 인적자원 확보 및 육성은 교육훈련을 통한 내부인재 육성에 치중했다. 교육훈련도 기업 특성상 생산성향상과 관리효율 증대 부문에 초점을 맞추어 왔다. 그러나 우리 공사가 처한 경영환경은 기존 사업에 대해서는 경쟁력을 유지하면서 신규 사업을 개척하고 진출해야 하는 상황이다. 인적자원의 확보 및 육성은 핵심인재 확보 · 육성 · 관리, 그리고 조직원의 업무능력 업그레이드 및 의식변화 추진으로 요약된다. 업무능력 업그레이드는 지속적으로 추진해 온 업무일지라도 그대로 추진하기로 놔두고 새로운 인적자원의 확보 및 육성에 주안점을 두었다.

- 세계적 조폐기술 확보를 위한 기술 인적자원 확보 및 육성
- 신규 사업 개척과 진출을 위한 인적자원 확보 및 육성
- 세계적 조폐기업이 되기 위한 핵심인재 육성
- 변화와 혁신의 의지를 가진 조직원 양성

핵심인재의 정의

- 대체비용이 많이 드는 인재
- 탁월한 잠재능력을 가진 인재
- 성과가 뛰어난 인재
- 조직의 핵심전략 추진 및 장기성장에 기여하는 인재
- 새롭게 등장하는 업무에 대응할 수 있는 인재

핵심인재 정의 및 관리

핵심인재란 위의 표와 같이 정의된다. 직원 스스로가 "내가 핵심인재인가?"라는 질문을 자문해볼 필요가 있다.

우리 공사의 경우, 국내에는 동종의 기업이 없기 때문에 기술부문에서의 핵심인재란 당연히 세계 일류수준의 능력을 가진 인재로 정의해야 타당할 것이다.

선진기업들의 경우 핵심인재와 일반인재를 구분해 별도의 제도를 운영한다.

한 예로 어떤 기업은 핵심인재를 S, H, A급 등으로 구분해서 관리하고 있으며, 또 어떤 기업은 인사평가 상위 10%를 핵심인재군으로 구분하고, 하위 10%는 관리대상으로 구분하는 'Top 10, Bottom 10'이라는 제도를 운영하고 있다. 이는 핵심인재를 육성·관리하는 데 효율적인 제도라는 생각이다.

기술 인적자원 확보 및 육성

조폐기술의 특성상 국제적으로 상호 교류가 되지 않는 폐쇄적인 기술

환경에서 핵심기술 및 선진기술 확보를 위한 전문인력 육성은 공사의
미래와 생존이 달려 있는 문제다.

● 기술인력을 계속 확보하라

2003년에 이어 2004년에도 사업량이 예상 외로 빨리 감소되는 등 경
영상황이 심상치 않았다. 사업량감소는 공사경영의 모든 분야에 걸쳐
영향을 미친다. 특히 생산현장은 여유인력이 발생하고, 한편으로는 이
러한 경영위기를 극복하기 위한 기술개발과 신규 사업 추진에 꼭 필요
한 기술인력의 확보가 시급해진다.

　　인사부서에서는 신규 인력을 채용하지 말고 기존 인력을 활용하자
는 의견을 개진했지만, 기업이 영속적으로 존재하기 위해서는 신규 인
력이 단절없이 채용되어야 한다. 즉 기존 인력이 여유가 생기면 여유
가 생긴 부문에서 해결되어야 하고, 신규 인력은 지속적으로 확보돼야
한다. 이러한 신념을 바탕으로 향후 핵심기술 인재가 될 신규 인력을
채용했다.

● 핵심인재 육성을 위한 교육훈련규정 개정

인력자원 개발은 단기적으로 효과가 나타나지 않는다. 따라서 경영자
는 자칫 소홀하기 쉽다. 더구나 핵심인재를 육성하기 위해서는 적잖은
비용이 든다.

　　이런 연유로 우리 공사의 국외연수는 디자인 분야 등 시급히 필요
한 분야나, 기계도입시 기계운전 · 정비요원 양성을 위한 단기교육에
그치고 있었다. 조폐기술개발에 필요한 기초학문분야 인적개발을 위

한 국외연수는 아예 규정으로 정해져 있지도 않았다. 이에 제도상의 미비점을 보완하고 교육훈련규정을 개정해 미국 조지아 공대와 아이오와 주립대에 각 1명씩 유학을 보내 학문연구에 전념할 수 있도록 조치했다.

● 사내대학 및 전문위탁교육을 통한 인재육성

직장에 근무를 하면서 학업을 병행한다는 일이 얼마나 어려운지 경험해 본 사람이라면 잘 알 것이다. 그 이유는 대학과 근무지가 거리상으로 떨어져 있는 경우가 많고, 회사에서 지원해 주지 않는 이상 졸업하기가 무척 어렵기 때문이다.

그래서 우리 공사는 경산조폐창에 사내대학 교육장을 설치해 한양대학교 산업대학원 기계공학·응용화학공학 2개 석사과정과, 한밭대학교 기계공학과·전자공학과 2개 학사과정을 운영하며, 한남대학교 정보산업대학원에 제지화학공학 석사과정을 위탁교육하고 있다.

기업에서도 교육이 미래를 위한 투자라고 생각은 하지만, 비용이 많이 들고 산출은 곧바로 되지 않으니 사내에 대학을 설치해 직원들을 교육시킨다는 것은 무척 힘든 일이다.

우리 공사는 이러한 어려움에도 불구하고 직원들이 질 높은 학문을 배울 수 있도록 사내대학을 설치하고 생산현장의 기반학문인 기계공학·전자공학·화학공학·제지화학공학 부문을 개설해 공사에 필요한 전문가를 양성하고 있다.

기계공학·전자공학·화학공학·제지화학공학은 우리 공사에 꼭 필요한 학문이다. 왜냐하면 제품생산을 위해 보유한 생산시설이 대부분 인쇄기계로 이들 기계는 디지털 프로그램으로 제어되기 때문이다.

또한 시변각 잉크 등 위조방지와 고품위 제품에 필요한 잉크를 개발하기 위해서 화학공학은 우리 공사에서 지속적으로 연구해야 할 학문이다. 제지화학공학 분야는 우리가 안고 있는 제지품질 균일성 향상뿐 아니라, 수출제품의 품질향상을 위해 전문가 양성이 꼭 필요한 학문인 것이다.

사내대학을 설치한 이후, 지금까지 석사 54명과 학사 118명을 배출했고, 현재 이들은 핵심 조폐기술요원으로 생산현장에서 활동중이다.

이와 더불어 외부 선진기술 획득을 위해 위조방지 · 인쇄 · 잉크 · 카드 · 신시설도입 관련 부문 전문위탁교육 인원을 대폭 늘려 교육시키고 있다.

● T/P/H 관리기법에 따른 핵심 기술인재 관리

확보 · 육성된 핵심기술 인재에 대해서 어떻게 해야 될 것인가에 대해 많은 고민을 해봤다. 그래서 기술연구부문 핵심인재에 대해서 우리가 제조하는 제품과 연계해서 집중관리가 가장 필요하다는 결론과 함께 선택한 관리기법이 T/P/H[34] Matrix를 활용한 T/P/H다. T/P/H Matrix란 핵심기술과 제품, 그리고 기술인력을 연계해 관리하는 방법으로 기술인력의 충원과 육성 및 관리를 할 수 있는 과학적인 도구다.

---

34) Technical /Product /Human

T/P/H 관리기법 예시 〈핵심기술 ●, 주변기술 △, 기초기술 ○〉										
핵심기술			제품군				기술인력			
대분류	중분류	소분류	주민카드	복지카드	출입카드	건강카드	S급	A급	B급	C급
카 드	제조	Laser Image 기법	△	○	●	△	홍길동			
	COS	Match-on-Card	●	○	△	○		한과학		

신규 사업 개척과 진출을 위한 인적자원 확보 및 육성

신규 사업 추진은 공사에서 가장 중점적으로 추진해야 할 당면과제다. 그러나 실제 성과는 미미한 실정이다. 이렇게 신규 사업이 부진한 이유는 여러 가지를 들 수 있지만 마스터플랜 부재와 추진인력 미확보가 가장 크다는 생각이다. 신규 사업에 대한 마스터플랜을 세우는 것과 함께 어느 정도 가시화된 신규 사업에 대해서는 인력확보와 사업계획 수립을 추진했다.

● 기술을 알아야 신규 사업이 추진된다

신규 사업으로 추진 중인 제품에는 각종 기념사업에 사용될 수 있으며, 특히 우리 공사에서 예술적 기술을 가지고 있는 분야가 있다. 바로 주화 압인기술을 활용한 메달 관련사업이다. 영업개발단에서 영업개발을 추진하지만 정교한 기술에 대해서는 지식이 부족한 실정이었다. 그러나 조폐창에서 근무하는 기술직원을 영업개발 분야로 전환, 배치해야겠다는 생각을 아무도 하지 않았다. 왜냐하면 기술 전문가는 제조만 할 수 있다는 고정관념 때문이다. 기술을 알아야 고객을 이해시키고 고객으로 하여금 구매의욕을 불러일으킬 수 있다. 이러한 취지로 주화제조 기술 전문가를 신규 사업 추진을 위한 영업개발단으로 전진

배치시켰다.

● 앞으로는 인재를 추적해 확보한다

조폐기술 인재에 대해서는 우리가 최고지만 신규 사업 추진에 필요한 핵심인재는 외부에서 확보해야 하는 경우가 있다.

향후 채용방법은 기존의 공고를 통한 모집형 채용에서 원하는 기술을 보유한 인재를 추적해 채용하는 추적형 채용으로 바꿔나갈 계획이다. 그래야만 우리가 원하는 인재를 확보할 수 있기 때문이다.

● 종전의 모집형 채용전략에서
● 추적형 채용전략으로 방향 변경

초일류 조폐기업이 되기 위한 핵심인재 육성

우수인재를 등용하고 육성하는 일이 기업의 성패를 좌우한다. 누구나 이 원칙에 대해서는 이견이 없다. 그러나 '어떻게 할 것인가?' 라고 물었을 때 명쾌하게 답하는 사람은 흔하지 않다. 외국 선진기업의 경우 오래 전부터 핵심인재를 확보·육성하기 위해 노력한 결과, 핵심인재에 대한 확보·육성·관리 시스템이 자사의 특성에 맞게 정착되어 있다.

그러나 국내 기업의 경우 1990년대 후반 들어서야 비로소 핵심인재에 대한 관심을 갖기 시작했으며, 대기업을 중심으로 핵심인재에 대한 제반제도를 마련·정비하고 있는 상황이다.

● 내부인재를 육성해 미래를 이끌게 한다

창의성 · 전문성 · 리더십을 가지고 혁신을 주도해 미래를 이끌어 갈 핵심인재를 어떻게 확보할 것인가? 우리나라의 고용제도는 유연성이 부족해 한번 채용하면 자유로이 퇴직시킬 수 없는 경직된 구조를 갖고 있다.

우리 공사와 같이 기존의 사업이 감소되어 여유인력이 발생할 경우에는 기존 직원을 핵심인재로 양성하는 내부인재 육성 방안이 가장 바람직한 것이다. 우리는 기술도입과 관련한 각종 국외연수 등 교육훈련 계획을 추진해 인재를 육성해 왔다.

● 인력 풀과 CDP[35]를 만들어라

내부 인재를 육성하기 위해서는 누가 어느 방면에 적합한지, 적성은 어떤지, 어느 분야에 자기개발을 노력했는지 알 수 있어야 한다. 물론 어느 조직이든지 개별적인 인사기록 카드야 다 가지고 있겠지만 이런 것을 체계화한 인력 풀, 즉 인력에 대한 데이터베이스가 부족한 형편이다.

나는 인력 풀을 만들 것을 지시했다. 적성 · 적합부서 및 업무 · 자기개발 노력 분야 · 취득 자격증 등 전직원을 대상으로 기초자료 조사를 거쳐 결국 인력 풀이 완성되었다. 인력 풀만 구축되었다고 해서 내

---

35) Career Development Path : 경력개발경로

부인재를 육성할 수 있는 기반이 마련된 것은 아니다.

CDP에 따라 체계적인 교육 및 사후관리와 직원의 자기개발을 통한 자아실현이 가능해야 한다. 이렇게 해서 CDP를 업그레이드시키고, 직원은 자기개발계획서를 제출하고, 공사는 인력 풀과 CDP에 의한 교육을 추진할 수 있는 체계가 구축된 후에야 비로소 내부인재 육성을 위한 기반이 구축되었다.

● 장기 위탁교육에 의한 핵심인재 육성

현장 중심의 사내대학의 한계를 극복하고 미래를 짊어지고 갈 수 있는 경영자를 양성하기 위한 과정도 필요했다. 물론 교육은 기업에 있어서 어제오늘의 일이 아니다.

그런데 종전의 교육방법은 단기 집합교육이 대부분이었다. 장기간 빼낼 인력도 없었겠지만, 그보다 교육은 투자가 아닌, 비용이라는 인식 때문이라는 생각이다. 하지만 교육은 비용이 아니라 핵심인재를 육성·개발하기 위한 투자다.

또한 세계적인 조폐기업이 되기 위해서는 세계에 대한 안목을 넓혀야 한다. 외국에 한 번도 안 가본 사람이 어찌 세계화를 논하고, 어떻게 세계적 조폐기업의 핵심인재가 되겠는가? 사람에 대한 투자는 단기간에 그 효과를 기대하기는 어렵지만, 향후 핵심인재로 육성하기 위해 국내 유수대학에 장기간 위탁교육을 실시중이다.

● 현장 핵심인재의 양성 및 관리

우리 공사의 특성상 핵심기술 인력의 T/P/H 관리기법에 의거한 관리

외에 현장작업자를 핵심인력으로 육성·관리해야 한다. 이유는 다기 능 숙련 작업자의 확보가 어렵고 조폐기술인력은 외부에서 대체가 불 가능하며, 육성에 많은 시간이 소요되기 때문이다. 또한 이들의 생산 성향상 노력이 수익 증대에 중요한 역할을 하기 때문에 그들을 작업과 장으로 임명해 관리한다. 1998년부터 1999년에 걸친 대대적인 구조조 정 결과, 현장 핵심작업자들의 대거 퇴직으로 몇몇 부문에서 제품생산 에 엄청난 애로를 겪지 않았는가?

● 핵심인재가 핵심인재를 육성

핵심인재가 되기 위해서는 관련분야의 새로운 지식을 익혀야 함은 물 론, 업무적으로도 많은 지식을 쌓아야 한다. 우리 공사의 경우 업무지 식을 가르쳐 줄 인재부터 육성하는 것이 급선무였다. 고심끝에 핵심인 재를 뽑아 핵심인재를 육성하게 하는 방법을 고안했다. 각 부문 핵심 인재를 선발해 교수기법 등을 교육시키고, OJT 지도사 및 사내 강사 요원으로 그룹화해 이들에게 다음 세대를 이끌 핵심인재 업무지식 습 득을 책임지도록 했다.

내부 인재육성 Plan-Do-See : 교육평가 시스템 및 교육정보 시스템 구축

아무리 인력 풀이나 CDP를 활용해 교육을 실시한다 해도 효과를 측정 하고 문제점을 개선해 갈 수 있는 시스템이 마련돼야 한다. 그래서 우 리는 교육목표 달성도 측정, 교육결과 현업적용정도 및 경영성과 기여 도를 측정할 수 있는 평가 시스템을 구축했다. 교육개발 경로와 연계 해 직원개인별로 교육 이수과정 파악 및 필요 교육을 진단할 수 있는 교육정보 시스템을 갖춘 것이다.

변화와 혁신의 의지를 가진 조직원 양성

사람이 변하지 않으면 조직이 변하지 않는다. 새로운 기업이념 제정과 이미지 통합에 따른 의식개혁이 절실했다.

모든 조직원의 변화와 혁신의 마인드를 형성하기 위한 방법 중 가장 효과적인 방법은 교육을 통해서다. 이러한 취지에서 의식개혁 교육을 전사적으로 추진했다.

모든 직원을 대상으로 한 교육과정으로 '변화와 혁신관리'·'변화 속의 바람직한 직장인의 자세'·'윤리경영교육'·'품질경영' 등을 시행하고, 독서통신 교육으로 경제/경영·조직활성화·리더십·자기역량개발·영업/마케팅 등을 실시하도록 했다.

또한 교육훈련 담당부서 중심의 종전 교육방식에서 벗어나, 수요자 중심과 작업현장의 문제해결 중심의 학습으로 전환하도록 '맞춤형자기개발 프로그램'을 운영해 변화와 혁신의 의지를 고취하도록 했다.

e-learning 사이버 연수원

오늘날에는 디지털 시대를 맞아 오프라인 교육의 공간적·시간적 제한에 따라 사이버 교육이 새로운 인재양성의 중요한 수단으로 자리잡고 있다. 현재는 선택과 집중이라는 개념으로 우수한 인재양성을 위해 24시간 학습을 지원할 수 있고 스스로 문제를 해결해 나가고자 하는 학습이 중요한 시대다. 이에 부합하고자 우리는 자기주도형 학습조직(Learning Organization)의 구축을 목표로 하는 e-learning을 실시했다.

현장 실무교육은 맞춤형 OJT 위주로 운영되고 있으나, 외부 변화와 빠른 정보의 유입에 대한 적응력을 키우기 위해 사이버 연수원을 구축한 것이다.

2004년에는 정보화, 생애설계자격증, 직무자격증, 외국어 교육과정, 윤리경영 교육과정 등을 개설해 운영했다. e-learning의 경우 오프라인 교육에서 간과할 수 있는 과제, 중간평가, 최종평가, 토론 그리고 출석률에 이르기까지 다양한 기준으로 학습자의 학습현황을 체크할 수 있으며, 다양한 학습방법과 콘텐츠 구성으로 학습의욕을 지속시킬 수 있다.

향후 직무 및 공통 역량 등의 파악을 통해 교육체계를 재설계하고 그것을 e-learning과 연계해 추진할 계획이다.

통합 경영정보 시스템

공기업 최초의 ERP 구축

ERP에 내재된 선진경영 프로세스를 받아들여 경영을 최적화하고자 공기업 최초로 ERP시스템을 구축해 영업·자재·생산·관리회계·재무회계 및 인사관리 분야에 많은 발전을 이루었다.

또한 ERP 시스템 도입으로 실적의 사후관리에서 계획의 사전관리가 가능하게 되었고, 조직별 단계적 업무처리에서 기능별 동시처리 형태로 개선되어 스피드 경영을 지원할 수 있었다.

디지털 지식경영 대상 수상

디지털 지식경영 대상은 대한민국 최고의 정보화 우수기업을 발굴, 시상하기 위해 1997년부터 시행한 제도다. 이는 정보화수준평가 시스템을 활용해 평가하며, 방문실사와 최종심의회 등을 거쳐 대상기업을 결정한다. 우리 공사는 정보화를 통한 경영혁신을 모토로 정보화 전략을 마련하고 ERP 도입 등 지속적인 노력을 인정받아 2003년도 '공기업 디지털 지식경영 대상'을 수상했다.

종합경영관리 시스템

경영환경의 빠른 변화는 경영자의 의사결정을 뒷받침해 줄 수 있는 시스템 구축 필요성이 대두되었다. 또한 기존의 수작업에 의존하던 내부평가 시스템(BSC 성과관리 시스템)을 경영전략과제를 중심으로 전사적 조직단위의 업무목표와 성과를 효율적으로 관리할 수 있는 시스템과 인적자원관리를 전략적으로 추진할 수 있는 정보 시스템 구축이 필요했다.

이런 배경 아래 BSC 성과관리 시스템, 경영자의 효율적 의사결정을 지원할 수 있는 경영자정보 시스템(EIS), 전략적 인적관리도구인 e-HRM 시스템 등을 도입하기로 결정했다.

효율적인 업무추진을 위해 3가지 시스템을 일괄적으로 추진키로 하고 컨설팅과 정보 시스템 구축을 턴키 방식으로 추진했다.

2004년 6월 시스템 개발에 착수해 2개월에 걸쳐 사용자 요구사항을 분석하고 데이터베이스와 프로그램 상세 설계에 들어가 2004년 10월, 구축된 시스템 검증을 거쳐 개발을 완료했다.

BSC 성과관리 시스템

기존의 내부 평가제도운영 시스템은 수작업에 의존했기에 경영환경이나 경영방침 변경시 지표변경이 즉각 이루어지지 못했다. 가장 큰 문제점은 평가결과를 상시로 모니터링할 수 없기 때문에 성과측정은 물론 경영성과 제고에 미흡한 시스템이었다.

또한 피평가자의 불만이나 개선의견의 수렴도 시스템적이지 못해서 내부평가 결과에 대한 불만해소 및 제도개선에 걸림돌로 작용하고 있었다. 이러한 문제점을 해결하고 평가업무의 효율성을 높이는 방향

BSC 성과관리 시스템 구축 방향

전략수립	경영계획수립	전략이행	성과관리
• 경영환경변화에 신속한 대응시나리오 Modeling • Dynamic 시뮬레이션에 기초한 전략평가 및 수립 • 명확하고 구현 가능한 전략의 수립	• 전략과의 연계를 통한 자원의 효율적 배분 • 전략의 Cascading 및 Alignment • 경영계획 수립기간의 단축을 통한 업무 생산성향상	• 전략의 명확한 이해를 통한 전략의 실행력 극대화 • KPI를 통한 전략의 커뮤니케이션 • 재무·비재무 지표의 균형을 추구하는 성과관리	• 가치창출에 기반한 지속적인 성과관리 및 성과보상 • 전략, KPI, 평가와의 연계 및 상시 모니터링 • 전략적 임원회의를 통한 전략의 Rolling 및 수정

Continuous Feedback

Management Infrastructure

o Value Based Management, Performance Based Management 지원
o 정보 보고체계의 일원화 및 ERP의 효과적 활용을 위한 시스템 간 통합

<table>
<tr><td colspan="3" align="center">BSC 성과관리 시스템 구축 목표</td></tr>
<tr><td>구 분</td><td>기존 성과관리</td><td>BSC 시스템 방향</td></tr>
<tr><td>Monitoring 목적</td><td>평가목적이 강함</td><td>현황파악을 통한 Action 도출(평가연계 가능)</td></tr>
<tr><td>Monitoring 주기</td><td>반기 및 연간 단위의 Monitoring 체제</td><td>상시 Monitoring 가능</td></tr>
<tr><td>Monitoring 방법</td><td>수작업에 의한 data의 집계와 가공이 필요</td><td>최대한 전산화로 가능</td></tr>
<tr><td>조직 간 공유정도</td><td>측정지표의 목표수립에서 실적까지 관련 조직 간 공유 부족</td><td>관련 조직 간 공유원활
(전산화 효과)</td></tr>
<tr><td>지표의 균형성</td><td>다소 과거 지향적 지표관리
(재무, 내부 프로세스 관점 중심)</td><td>과거와 미래의 균형 추구
(4가지 관점 균형)</td></tr>
<tr><td>지표의 연계성</td><td>지표 간의 연계성 미약</td><td>목표미달 관련 문제지표들을 연계해 추적 관리 가능</td></tr>
<tr><td>객관성</td><td>지표 및 data 실적의 객관성 부족</td><td>지표 실적에 대한 객관성 확보</td></tr>
</table>

으로 BSC 성과관리 시스템의 구축을 추진했다.

구축 방향 설정과 함께 기존의 성과관리체계와 BSC 시스템에 기초한 성과관리 차이점을 분석해 최적의 성과관리 시스템 구축목표를 설정했다.

이러한 목표아래 개발을 추진해 성과관리 및 프로세스에 대한 각 부문별로 시스템 구축을 완료했다.

구축된 시스템은 '전략경영관리' · '기준정보관리' · '평가관리' · '성과조회' · '점수관리' · '의견 · 자료관리' 로 구성되었다.

특히 상시로 성과점수에 대한 계산 및 순위조회가 가능하고, 내부 평가 결과에 대한 의견 및 제도개선에 대한 여론수렴도 가능하게 되었다.

구 분	세부기능
전략관리	비전관리, 전략관리, 경영목표관리, 인과관계관리
기준정보관리	코드관리, 지표관리, 평점관리
평가관리	보고서관리, 평가자관리, 비계량평가관리, 계량평가관리
성과관리	득점관리, 주요성과관리, 부서성과조회
점수관리	성과점수에 대한 계산 및 순위 조회
의견/자료관리	고객만족도관리, 자료관리, 개선의견관리
개발업무	사용자관리, 도움말관리

《기대효과》

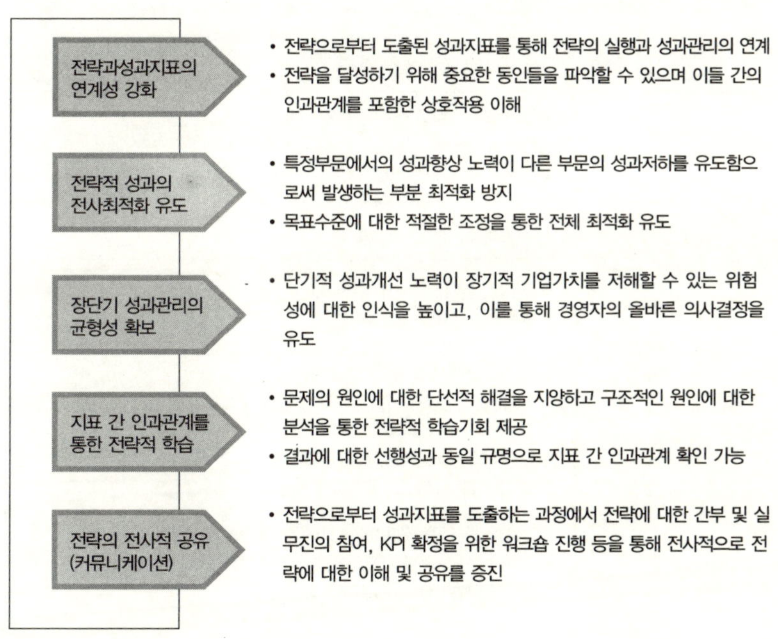

• 전략으로부터 도출된 성과지표를 통해 전략의 실행과 성과관리의 연계
• 전략을 달성하기 위해 중요한 동인들을 파악할 수 있으며 이들 간의 인과관계를 포함한 상호작용 이해

• 특정부문에서의 성과향상 노력이 다른 부문의 성과저하를 유도함으로써 발생하는 부분 최적화 방지
• 목표수준에 대한 적절한 조정을 통한 전체 최적화 유도

• 단기적 성과개선 노력이 장기적 기업가치를 저해할 수 있는 위험성에 대한 인식을 높이고, 이를 통해 경영자의 올바른 의사결정을 유도

• 문제의 원인에 대한 단선적 해결을 지양하고 구조적인 원인에 대한 분석을 통한 전략적 학습기회 제공
• 결과에 대한 선행성과 동일 규명으로 지표 간 인과관계 확인 가능

• 전략으로부터 성과지표를 도출하는 과정에서 전략에 대한 간부 및 실무진의 참여, KPI 확정을 위한 워크숍 진행 등을 통해 전사적으로 전략에 대한 이해 및 공유를 증진

경영자정보 시스템(EIS)

ERP시스템에 내장된 데이터를 경영에 필요한 데이터로 변환해 경영
층이 직접 화면을 보면서 경영을 구상할 수 있어야 하나, ERP는 실무
자 위주로 구축되어 그런 점에서 미흡했다.

즉 경영정보 시스템이 전략중심의 경영정보로 활용됨과 동시에 적
시성이 확보돼야 한다.

이러한 조건을 충족하고 경영층에게 필요한 EIS시스템을 구축한 것
이다.

경영자정보 시스템(EIS)	
구 분	정보제공 내역
경영현황	일일사업정보, 매출기여도, 손익전망, 매출액 차이분석, 예산집행, 재무제표, 재고현황, 프로젝트 정보
전략성과	정부경영평가, BSC 내부평가
사업성과	매출분석, 손익원가분석, 손/수율분석, 적자제품 분석, 신규제품분석, 국가고객만족도
인사정보	인력구조, 인사통계, 인사기록정보
주요지표	생산성지표, 수익성지표, 안정성지표, 활동성지표, 대외경제동향, 유관기관동정
자료관리	특이사항입력, 프로젝트등록, 프로젝트일정관리, 과거실적입력, 계량평가지표정의, 계량평가입력, 비계량평가입력, 국가고객만족도 입력, 제품군별 상세입력

EIS는 ERP와 연계되지만 독립적인 정보를 제공하는 시스템으로 신속한 정보를 제공할 수 있다는 장점을 갖는다.

EIS의 주요기능은 '경영현황'·'전략성과'·'사업성과'·'인사정보'·'주요지표' 등에 관한 조회다.

인적자원관리 시스템(e-HRM)

종합근무평정 시스템

종합근무평정은 필요할 때 즉시 그 결과를 알 수 있어야 바람직한 것이다. 기존의 수작업에 의한 종합근무평정은 소요기간이 길며, 정확성 확보의 어려움이 있는 등 비효율적이었다.

이런 문제점을 개선하기 위해 종합근무평정 시스템을 도입함으로

종합근무평정 시스템	
개발기능	세부기능
다면평정 관리(관리자)	평정항목 등록, 평정자 선정, 평정실시 평정점집계 및 조정, 평정제외자 점수관리 평정결과 개인통보
근무성적평정 관리(실무자)	평정항목 등록, 평정제외자 지정, 개인별 평정자 지정, 자기기술표 작성 평정실시(1차, 2차), 평점조정 및 확정
경력평정	당해직급, 근무기간, 경력평정
교육훈련평정	교육훈련평정 시스템과 연계한 평점 적용
가·감점평정	가점평정관리, 감점평정관리
승진후보자명부 작성	승진후보자 명부 조회, 성적관리
보고서 명부조정	
보안항목	

써 근무평정 기간이 단축되고, 기존 인사정보와의 연계로 신뢰도가 확보되었다.

또한 근무평정에 필요한 데이터 수집기능을 높여 데이터를 일원화하고 보안성과 안전성을 강화했다.

온라인 채용관리

직원 채용시 유자격자를 전산 시스템을 사용해 자동선발로 뽑아 업무효율을 증대시키고자 온라인 채용관리 시스템을 도입했다.

종래에는 응시원서 적격여부, 유자격자 선발, 통보 및 각종 통계를 수작업으로 처리하므로 인사부서의 업무가 가중되는 것은 물론 경영층들이 현황을 즉시 알 수 없었다.

이러한 업무 비효율을 시스템적으로 개선하기 위해 온라인 채용시스템을 도입한 것이다.

이로써 채용관리의 공고부터 합격자 처리까지 효율적으로 관리하며, 이에 대한 점수 및 통계적 자료제공으로 채용관련 의사결정을 지

온라인 시스템	
개발기능	세부기능
채용공고	채용공고문 게시
입사지원관리	입사지원서 양식관리, 양식 다운로드관리 입사지원 메일 통보 기능
입사지원자 현황관리	지원자 접수현황, 입사지원서 다운로드
지원자 심사 및 합격자 선정	심사 및 합격자 선정(수작업 처리) 합격자 게시 및 메일 통보 기능
채용통계관리	지원 및 채용현황 통계관리

원할 수 있게 되었다.

사내공모 관리 온라인화

직무에 필요한 적임자 발탁과 희망직무 전환배치 등을 위해서는 사내공모제를 확대해야 한다. 그러나 전산 시스템이 뒷받침되지 않으면 실제적으로 힘들다. 이러한 취지에서 사내공모 시스템을 전산화했으며, 상시공모체계를 구축해 조직원의 요구 및 공모현황을 즉시 파악할 수 있었다.

사내공모 시스템	
개발기능	세부기능
양식관리	양식게시, 양식 다운로드관리
공모응시관리	공모지원서 작성 및 제출관리
공모 응시자 현황관리	응시자 현황 및 통계관리
심사관리	심사자 선정, 공모지원서 배부 기능 심사평점관리, 순위관리
상시공모관리	임용자 인사 시스템에 등록관리

재난에 대비한 시스템 개혁

주요 전산 센터에는 모든 데이터와 시스템이 통합돼 있다. 주전산 센터 내부에는 하드웨어나 네트워크가 이중화돼 있으며, 지속적인 서비스를 제공하도록 설계돼 있다. 그러나 주전산 센터가 아무리 견고하게 지어졌을지라도 자연재해, 테러, 화재 등 전산 센터의 운영을 마비시킬 수 있는 위험 요소는 늘 존재한다.

주전산 센터에 심각한 천재지변이나 테러와 같은 재난이 발생할 확률이 그리 높은 편은 아니지만 유사시를 대비해 우리 공사에 맞는 실시간 백업센터의 운영으로 대비해 놓았다.

그리고 정보를 위협하는 주 요인인 해킹과 바이러스로부터 정보를 보호하기 위한 시스템이 많이 개발되었다.

암호화 프로그램, 바이러스 백신 등으로 시작해서 네트워크의 발달과 더불어 방화벽(firewall), 통합보안관제 시스템(ESM[36])이 개발된 것이다.

우리 공사도 여기에 맞추어 2001년에는 침입차단 장치인 방화벽을 설치했고, 2002년에는 중앙통제형 바이러스 방어체계 구축으로 정보를 보호하고 있다.

중앙통제형 바이러스 백신은 시스템 관리자가 네트워크에 접속한 모든 PC에 대해 정기적으로 바이러스를 검사 · 치료하는 것이다. 우리 시스템은 매일 낮 12시에 자동으로 실시하는데 바이러스 피해를 미연에 방지해 정보를 보호할 수 있다.

2003년에는 기존의 침입차단 시스템이 주소 가로채기에 대해서 완벽하지 못하며, 침입탐지 시스템은 트래픽을 감시할 뿐 시스템 보호기능이 갖추지 못했었다. 이러한 시스템의 취약점을 보완하기 위해 보안

---

36) Enterprise Security Management : 방화벽, 침입탐지 시스템, 가상 사설망 등의 보완 솔루션을 하나로 모은 통합 보안관리 시스템

용 소프트웨어를 설치했다.

2004년에는 체계적인 보안 솔루션 도입으로 보안수준을 향상시키고자 ESM을 도입·설치하고 증권 ISAC[37]에 가입해 해킹이나 외부 침입이 발생하면 ISAC에서 감시할 수 있도록 함으로써 재난에 대한 정보보호 시스템을 완비했다.

---

37) Information Sharing & Analysis Center : 주요 정보통신 기반시설에 대한 침해사고 발생시 실시간 경보, 대응체계 운영 등 각종 정보제공 및 취약점을 분석·평가하는 기관

일하는 방식 개선

회의문화 혁신

회의는 조직의 목표달성을 위해 각자의 위치에서 다양한 의견을 피력하고 합의점을 도출하는 과정이다. 따라서 회의는 경영에 없어서는 안될 필수적인 과정이다.

그럼에도 불구하고 회의에 대한 부정적인 시각이 많은 것 또한 사실이다. 망해가는 기업의 공통점 중 하나가 '회의가 많다' 는 점을 들기도 한다. 일례로 장개석과 모택동이 한참 전쟁 중에 장개석은 모택동에게 쫓기면서도 회의를 했다고 한다. 이 말은 회의가 필요 없다는 말과도 같다. 전쟁에 지고 있는데 용감히 나가서 싸울 생각을 해야지, 회의만 하고 앉아서 이길 수 있느냐는 것이다. 회의는 꼭 필요하기는 해도 잘

못 운용하면 독이 될 수도 있다는 점을 강조하고 싶다.

우리 공사도 부정적인 요소가 많다는 점에서 예외는 아니었다. 회의체와 회의 종류가 필요 이상으로 많은데다, 회의운영도 업무보고나 지시사항 전달 등 다분히 형식적이었다. 심지어 책임회피 수단으로 악용될 소지도 있었다.

파란안건 가운데 가장 많은 것 중 하나가 회의에 관한 내용이다. "회의가 많다"에서부터 시작해 "회의시간이 길다", "회의운용이 형식적이다", "회의자료 작성에 많은 시간을 빼앗긴다", "회의시간을 지키자" 등 안건 내용도 다양했고 하나같이 부정적이었다. 자율혁신 그룹인 YCG에서도 비슷한 문제점을 지적하고 개선책을 제시하기도 했다.

이에 자체 경영혁신과제로 선정해 대대적인 회의문화 혁신에 착수했다. 많은 회의체를 통합해 매월 초순 개최하는 확대간부회의로 일원화하고, 단순한 업무지시나 정보공유를 위한 회의는 공사 인트라넷이나 구내방송을 이용하도록 했다. 회의자료도 노페이퍼(no paper)를 원칙으로 하되, 불가피할 경우 1장 이내로 제한했다. 형식적인 보고를 지양하고 현안과제에 대한 심층보고 및 토론 위주로 진행했다. 회의시간도 1시간을 넘지 않도록 방침을 정했다. 이를 위해 회의시작 후 50분과 55분이 경과하면 알람이 울리는 '5055알림' 제도를 시행하고 있다.

특히 현안과제에 대한 심층 토론은 우리 공사의 회의문화를 일거에 혁신하는 계기가 되었다. 종전의 업무보고 · 지시사항전달 위주의 회의에서 현안과제에 대한 토론 위주로 회의를 진행하다 보니, 각 부서에서 제기한 현안과제를 다른 부서에서 다양한 시각으로 조명해 볼 수 있는 계기가 되었고, 토론을 통해 최적의 결론에 도달할 수 있 었다.

73억 원 정도의 적자가 예상되는 경영위기를 타개하기 위한 방안 인 '도약 Focus-136운동'을 펼친 것도 심층 토론의 산물이다. 2004 년 중 21개 현안과제에 대해 심층 토론을 거쳐 지혜롭게 해결할 수 있었다.

다양한 형태의 탄력근무제 시행

우리 공사만큼 다양한 탄력근무제[38]를 시행하고 있는 사업장을 찾기 란 쉽지 않을 것 같다.

기관별로 출퇴근 시간을 달리하고, 부서에 따라서도 근무형태를 달 리한다. 생산현장만 하더라도 근무부서 또는 작업여건에 따라 4조 2교 대 · 4조 3교대 · 3조 2교대 등 다양하다. 심지어 3조 2교대도 주간 · 야간 · 비번과 같이 전통적인 형태에서 주간 · 주간 · 비번 등 다소 변 형된 방법을 시행하기도 한다.

이는 공사의 입장에서는 작업능률을 높이기 위한 방안으로, 직원의 입장에서는 삶의 질을 향상시키기 위해서, 즉 노사 공히 만족하는 근

---

38) Flexible Time System이라 하며, 개인의 생체 리듬에 따라 업무집중도를 높이기 위해 직원의
   출퇴근 시간을 탄력적으로 조정해 근무하는 제도

무형태를 도입해 시행하는 것이다. 물론 러시아워대 출퇴근시간 조정으로 공익적인 측면도 고려했다.

본사와 서울사업소는 오전 9시부터 오후 6시까지 근무하지만, 경산조폐창은 오전 8시부터 오후 5시까지, 부여조폐창은 오전 8시 30분부터 오후 5시 30분까지 근무한다. 특히 기술연구소는 연속성과 업무집중을 요하는 업무의 특성상 유연근무제를 채택하고 있다.

향후 본사나 연구소에서도 직원들의 선호도 조사를 통해 선택근무시간을 오전 8시부터 오후 5시까지, 오전 10시부터 오후 7시까지의 두 가지로 설정하고, 오전 10시부터 오후 5시까지는 전직원이 밀도 있게 근무하는 공동근무시간[39]으로 지정해 운영할 계획이다.

본사와 조폐창 사무종사 직원을 대상으로는 '집중근무제'를 도입했다. 이는 주40시간 근무제 시행에 따라 시간낭비 요인을 최소화함으로써 업무효율을 극대화하기 위해서다.

집중근무시간은 매일 오전 10시부터 11시까지와, 오후 2시부터 3시까지 1일 2회 2시간으로 정했다. 그리고 각 사무실 출입문에는 '집중근무제 안내문'을 게시하도록 했다. 물론 민원부서는 업무형편에 따라 자율적으로 실시하도록 조치해 민원인이 불편해 하지 않도록 했다.

집중근무시간 중에는 회의 · 다른 사무실 방문 · 긴급사항 외 업무

---

39) 모든 직원이 반드시 근무해야 하는 시간이며 Core Time이라고 함

협조 · 전화 통화 · 메일 송부 등을 금지하고, 업무 지시 · 결재 등도 불가피한 경우를 제외하고는 자제하도록 방침을 정했다.

MRO 자재 위탁구매

화폐 및 유가증권의 생산이 매년 반복적으로 이루어지기 때문에 여기에 필요한 자재나 소모품은 연간 단가계약 체결 등으로 운영해 왔다. 그러나 연간 단가계약은 어느 정도 물량 확보가 가능해야 된다. 따라서 소액에 다품종인 물품은 필요할 때마다 구매부서에서 구입계약을 체결해 구매해 오고 있었다.

이러한 비효율을 개선하기 위해 2004년부터 인터넷을 활용한 MRO 자재 위탁구매방법을 도입했다. 367개 품목을 위탁구매계약을 체결해 운영한 것이다. 그 결과 28%의 비용절감을 가져올 수 있었으며, 완전 정착된다면 매년 20억 원 정도 비용절감이 이루어질 것으로 전망한다. 또한 조달기간을 10일 이상 단축시키고, 조달업무를 간소화할 수 있었으며, 무엇보다도 전자상거래의 확대로 조달업무가 공정하고 투명하게 변모했다.

기존 오프라인 거래시에는 비절차적 구매행위에 따른 낭비요소가 있다. 게다가 특정 품목에 대해 특정 공급업자에게 의존하며, 긴급구매[40]

---

40) 사업계획의 변동에 따라 생산에 필요한 자재를 짧은 시간 내에 구매하는 경우로 일반적인 구매
   절차를 따르지 않고 절차를 간소화해 구매하는 것이며 Spot Order라 함

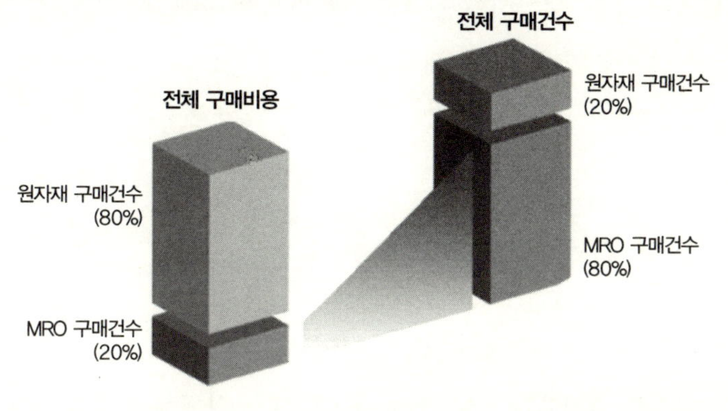

빈도가 높고, 구매선 및 품목정보 부족으로 한정된 Local Vendor에 의존하는 실정이었다. 또한 MRO 물품구매는 기업매출의 1~2%에 불과하지만 다양한 품목, 다빈도 발주 등으로 개별기업에서 자체적으로 구매·관리하는 데 많은 비용과 인력이 소모되고 있었다.

또한 가격경쟁력 확보 차원에서 Supply Chain[41] 전반에 걸친 원가절감을 위해 적기조달에 기초한 재고감축, 구매단가 절감, 업무처리 방식, 공급사, 구매정보의 고립 등 단가절감 한계를 극복하기 위해 정보 및 물량 집중에 따른 e-Markplace[42]를 활용해 단가절감을 실현할 수 있었다.

---

41) 고객, 소매상, 도매상, 제조업 그리고 부품, 자재 공급업자 등으로 이루어진 공급사슬
42) on-line에서 재화나 서비스의 거래가 이루어지는 것으로 인터넷 시장을 말함

현재 우리 공사는 생산작업에 필요한 소모성 자재, 건물 유지보수
에 필요한 자재, 생산시설 유지보수에 필요한 자재 및 시약류를 MRO
자재로 선정해 위탁계약을 체결해 운영하고 있으며, 각 조폐창도 이를
적용하고 있다.

전자조달 확대로 조달행정 혁신

공기업 경영혁신 지침에 따라 '조달업무의 투명성 · 효율성 제고' 과
제를 설정해 추진했다. 전자조달 목표를 대폭 확대해 정부의 전자정부
화 정책에 적극 부응하기 위해서다.

2004년 전자조달 확대방안 및 추진목표를 살펴보면 다음과 같다.
2003년 대비 조달률 10% 이상 향상, 목표금액 5배 이상 확대, 물품 ·
용역 · 공사 등의 계약시 전자조달 우선 검토, '조달청 제3자 단가계
약' 등록 물품 및 3,000만 원 이하 소액 다품종 물품도 전자조달
B2B[43]를 통한 전자조달 확대 등이 그것이다. 특수한 경우를 제외하고
는 전자조달을 시행했다.

전자조달은 범정부적으로 추진하고 있는 시책일 뿐만 아니라, 전자
조달을 활용함으로써 양질의 제품을 더욱 싼값에 조달할 수 있다. 또
한 제품을 생산하는 기업들은 경쟁력향상을 위한 노력 속에서 좀더 성

---

43) Business to Business : 기업을 대상으로 판매가 이루어지는 전자상거래

장할 수 있는 기회를 얻을 수 있으며, 조달행정도 투명해질 수 있다. 기존의 조달방법에 익숙한 계약담당자를 교육시켜 전자조달 마인드를 고취시켰고, 그 후 전문가로 육성했으며, 경영목표로 설정된 목표를 매월별로 점검해 피드백함으로써 추진에 박차를 가했다. 그 결과 371억 원을 전자조달해 전자조달률 92.9%를 기록했는데 이는 당초 목표 300억 원보다 24% 초과달성을 시현한 것이다.

지식경영

지식을 경영목표로 삼다

《21세기 지식경영》의 저자 피터 드러커는 "앞으로 경제성장을 가능케 하는 유일한 길은 지식기업(Knowledge Intensive Company)과 지식근로자(Knowledge Worker)가 주도가 되어 생산성을 급진적·지속적으로 증가시키는 길뿐이다"라고 밝힌 바 있다.

지식경영은 기업의 지적자산을 증대시키고 이를 바탕으로 생산성을 높여주는 것이다. 조직이 지니는 지식자산뿐 아니라, 구성원 개개인의 지식이나 노하우를 발굴해 조직내부의 지식으로 공유하고, 이를 활용해 조직 전체의 경쟁력을 향상시켜야 한다. 기업 내 생산현장에서의 경험이나 업무 수행과정에서 발생되는 개선·개발·혁신의 지식

70%가 체계적으로 저장·공유되지 못하고 각 조직원의 머리에만 남는 경우가 흔하다고 한다.

따라서 현대의 비즈니스 환경 하에서는 특허권·상표권 등과 같은 지적자산을 늘리는 일은 기본이다. 따라서 단순한 근로자를 지식근로자로 키우고, 또한 그들이 더 많은 지식을 생산해 낼 수 있도록 하며, 그들이 생산해 놓은 지식을 최대한 이용할 수 있도록 해야 한다.

지식경영이 성공하기 위해서는 기업에서 가장 중요한 산업재산권 확대에 주력함과 동시에 조직원들은 지식을 창출하며 활용하는 지식근로자가 될 수 있도록 효율적인 지식관리 시스템을 구축하고, 항상 지식창고를 새롭게(refresh) 하고, 반드시 보상(reward)되도록 노력해야 한다.

지적자산 확보를 경영목표로 설정하다

이제까지 우리 공사의 지식경영 활동은 제안지식이나 조직지식을 늘리는 데 주력해 왔다. 그러나 지적자산, 즉 산업재산권 확대에는 전사적으로 추진되지 않고 기술연구소의 계획에만 의존했다.

이 관행을 타파하기 위해 2004년 경영목표 설정시 은행권·수표·채권 등 특수제품 위변조방지 관련 산업재산권에 대해 연구원 1인당 출원목표를 정해 포함토록 했다. 그 결과 특허 21건, 상표권 4건을 출원할 수 있었다.

또한 2005년 경영목표 설정시에는 컴퓨터 프로그램까지 등록하도록 하는 경영목표를 설정해 지속적인 지적자산 획득을 통해 국제 기술력을 확보하도록 했다.

지식활성화에서 내실화로

기존 지식활성화 방안으로 한 사람이 1년에 3건 이상 지식을 제출하자는 '113운동'과 '지식의 날 운영', '지식평가의 날 운영' 등을 추진해왔다. 그리고 연말에 개인별·부서별로 우수 지식인을 선발해 포상하고 있다.

이러한 노력의 결과 지식창출은 지속적으로 증가한 반면, 축적된 지식의 공유나 활용을 통한 지식 생산성향상은 오히려 떨어지고 있는 실정이다. 그래서 '우수 지식인 및 우수 지식부서' 평가기준을 종전의 지식 제출건수에서 지식 제출건수와 평가 및 활용 마일리지로 변경해 적용했다. 또한 지식창출 활용에 대한 교육을 지속적으로 실시하고 등록된 지식을 평가·활용할 수 있는 '지식 활용의 날'을 운영해 창출된 지식의 활용에 역점을 두었다.

그 결과 직원들은 지식경영 마인드가 양적 팽창에서 질적 향상으로

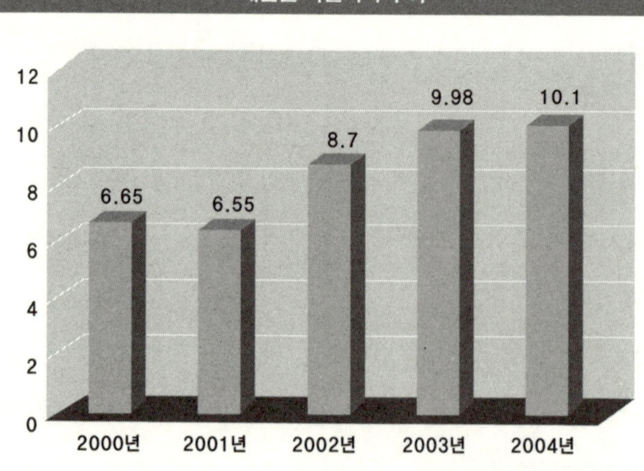

변화했고, 창출된 핵심지식에 대한 공유와 활용으로 전체 조직의 지식 생산성이 향상되었다.

지식의 질을 높이다

항상 새로운 지식창고

지식창고(Repository)에 보관된 지식은 환경변화에 따라 실시가 불가능한 지식과 활용가치가 적은 지식이 발생한다. 따라서 우리는 지식 전체를 대상으로 진부화된 지식은 최신화시키고 지식을 다시 분류·통합·삭제하는 정제작업을 단행하기로 했다.

기관별 지식관리위원회에서 심의 후 정제 결정을 하도록 했는데 지식정제 작업은 2003년 9월 2일 시작되어 2003년 12월 1일에 종료되었다. 그 결과 1,989건의 지식이 정제되어 폐기창고에 보관하게 되었다.

이와 더불어 기존 지식관리 시스템의 단점으로 지적되던 지식지도, 즉 지식관리 프로그램이 복잡하고 사용자 위주의 편의성이 부족한 것을 지식함을 재분류해 단순화시켰다. 그리고 축적지식에 대해 직원들이 쉽게 접근할 수 있는 시스템을 개선해 지식 활용도를 높일 수 있었다.

필요한 지식은 공모한다

지금까지의 지식은 직원들이 제안한 지식을 공모해 심사 후 포상하는 Bottom-up 제도였다. 그러나 공사가 필요에 따라서 지식을 공모할 필요성이 있었다. 즉 향후 공사가 나아갈 방향, 이미지 개선 및 전략적 성격의 프로젝트성 지식이다.

이러한 필요에 따라 지식을 공모하기로 결정했지만, 전문적이고 깊이가 있는 지식이라 응모 건수는 크게 기대하지 않았다. 하지만 응모 결과를 집계해 보니 기대한 것 보다 훨씬 많았고, 내용 면에서도 심도가 있어 공사의 경영에 많은 도움이 되었다.

지식 창출을 위해 기술정보 시스템과 전자도서관 개설

지식의 질을 높이기 위해서는 표준화된 기술정보와 새로운 지식을 수용해야 한다. 이러한 취지에서 우리 공사의 기술정보를 표준화해 기술정보 시스템을 구축하고 전자도서관을 개설해 공사의 인트라넷과 연동시켰다.

이렇게 함으로써 각 기관에서도 실시간으로 자료검색이 가능해져 업무 및 연구에 필요한 정보를 신속 · 정확하게 습득할 수 있게 되었다.

지식 창출에는 보상(Reward)이 따른다

지식경영이 활성화되어 기업의 지적자산이 증대되기 위해서는 직원들이 머릿속에 들어 있는 노하우를 꺼내어 지식창고에 넣도록 해야 한다. 그러나 자기만의 노하우를 공동의 창고에 내어놓기를 기피하는 경향이 있다. 이러한 것을 가능하게 해주는 것이 바로 보상이다.

지적재산권에 대해서 파격적인 출원 및 등록보상금, 실시보상금과 처분보상금을 포상하며 인사상의 특전도 가능하도록 제도를 개선했다.

또한 제안활동 등에 대한 포상도 무형효과에 대해서는 최고 100만

원, 유형효과에 대해는 금액의 제한 없이 포상할 수 있도록 했다. 마일리지 제도를 도입해 500마일 도달시에는 조폐지식인 인증패와 포상금을, 1,000마일 도달시에는 사장표창 및 해외연수 혜택, 1,500마일 도달시에는 1호봉의 특별승급을 할 수 있도록 했다.

화폐에 쓰인 언어

화폐에 표기되는 언어는 단일 또는 다수 언어 국가인지의 여부와 세계 시장에서의 유통력 등을 고려해 결정한다. 다민족 국가의 경우에는 소수민족의 편의를 위해 각 민족 언어도 함께 화폐에 표기하고 있다. 또한 세계 경제시장에서의 유통을 위해 국제어인 영어나 프랑스어를 병기하기도 한다.

단일 언어로 표기하는 화폐로는 미국의 달러, 영국의 파운드, 프랑스의 프랑, 독일의 마르크 등 경제대국의 화폐 외에 러시아와 북한 등의 화폐가 해당된다.

2개 언어로 표기하는 화폐로는 우리나라(앞면 한글, 뒷면 영어로 액면 'WON'과 발권 기관 명칭 'THE BANK OF KOREA'), 캐나다(영어와 프랑스어), 홍콩(영어와 한자), 일본(영어와 한자) 등의 화폐가 해당된다. 우리나라 화폐의 경우 초기에는 한자와 영어만으로 표기했으나, 1953년 2월 발행한 천원권에서부터 한글표기를 병행해 3개 언어를 사용했다. 1960년 8월 발행한 천환권부터는 한자가 사라지고 현재 유통되는 화폐와 같이 한글과 영어 2개 언어로 표기하고 있다.

일본은 자국어로 표기하지 않는 특징이 있다. 700개 이상의 언어가 사용되는 인도는 대표적인 15개 언어를 화폐에 표기하고 있다. 옛 러시아도 15개 언어를 함께 표기함으로써 소수민족의 경제생활에 편의를 제공한다.

핵심역량을 키워 제2의 도약기로

우리는 새로운 비전을 '세계 일류 조폐기술 기업' 으로 설정했다. 이는 기술만이 우리 공사의 미래를 보장해 주고, 기술 우위를 확보해야 경쟁력 우위를 확보할 수 있다는 나의 평소 소신에 따른 것이다.

조폐산업! 여기가 한계인가

사업영역의 제한과 계획경영의 어려움

한국조폐공사의 사업영역은 '한국조폐공사법'으로 엄격히 제한하고 있다. 사업수행과 관련해 추진하는 부대사업까지도 정부의 사전 승인을 받아야 할 정도다.

공사의 사업량 역시 발주기관의 주문에 따라서 결정된다. 즉 발주기관에서 주문하는 물량을 지정한 시방에 따라 생산해 요구하는 날짜와 장소에 공급하는 극히 수동적 입장인 것이다.

우리의 사업량 및 수익원천은 한국은행 제품에 대한 의존도가 높다. 그리고 연도별 사업량이 일정한 추세와 무관하게 변동된다. 자체적인 수익증대 노력은 법으로 엄격히 제한받고, 계획경영은 사업량 예

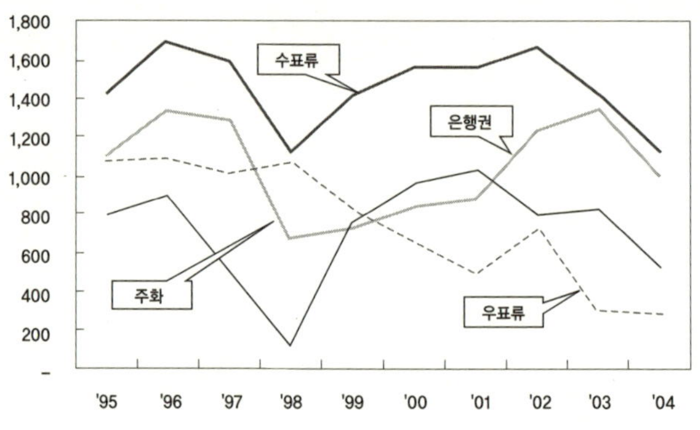

측의 어려움 때문에 지장이 많은 실정이다. 이렇다 보니 적정규모 이하로 사업량이 감소하면 인력과 시설이 남아돌고, 반대의 경우에는 휴일도 없이 1년 365일을 풀가동해야 되는 상황이 생긴다.

과다한 공신력 유지비용 부담

화폐 및 유가증권 등의 제품은 경제사회에서 차지하는 중요성 때문에 '공신력' 이 주요 가치기준이다. 공신력은 '결점 없는 제품' 과 '완벽한 보안' 이 필요충분조건이다. 공신력은 우리 공사의 존립기반이기도 하지만, 공신력 유지를 위해 지출되는 과다한 품질비용과 보안비용은 제품원가를 높이는 요인으로 작용한다.

예를 들어 은행권 생산에는 8개 공정을 거치는데, 재공품을 공정 간 인계인수할 때마다 맞셈 계수를 하고, 생산과정에서 수시로 검사하며,

보안관련 인원 현황(2004년 12월 현재)					
구 분	검사계수 등	품질관리	방 호	계	비 고
인 원(명)	268	46	57	371	정원
정원 대비율(%)	17	3	4	24	1,541명

완제품 과정에서는 발취검사까지 시행하고 있다. 여기에다 내외곽 경비를 위해 청원경찰과 첨단 방호장비 등도 별도로 운영한다. 민간기업에는 필요 없는 인력과 장비가 추가로 소요되는 것이다.

공익성과 수익성의 조화

공익성과 수익성의 조화는 가장 큰 어려움이다. 만약 화폐를 제조하는 공사가 수익성을 추구한다면 이익을 가장 많이 남기는 방향으로 경영해야 할 것이다.

그러나 발주기관이 한국은행 · 정부와 지방자치단체 · 공공기관 · 금융기관 등인 관계로 우리 공사의 수익성 증대는 곧 국민부담 가중으로 이어지기 때문에 수익을 창출하는 데 어려움이 있다. 공익성을 달성하려면 이익을 일정부분 포기해야 하나, 이는 매출액과 영업이익 감소로 이어져 정부경영평가에서는 불리하게 작용한다. 따라서 수익성을 등한시할 수도 없다. 대표적인 예로 구조조정을 성공적으로 완료해 제조원가를 절감한 결과, 1,998억 원이라는 막대한 금액의 국민부담을 줄였으나, 매출액과 영업이익이 저조해 정부경영평가에서는 최하위 수준에 머무르고 있는 것이다.

대부분의 국가에서는 정부나 중앙은행 관리체제로 조폐사업을 운영하고 있다. 이는 조폐사업의 특성상 수익성보다는 공익성을 중시하기 때문이다. 물론 우리나라와 일본·브라질·스페인 등 일부 국가는 정부투자기관 형태로 운영하지만, 이 경우에도 수익성보다는 공익성에 우선을 두어야 한다는 생각이다. 공익성과 수익성, '두 마리 토끼를 어떻게 잡을 것인가?' 라는 문제가 최대의 난제일 수밖에 없다.

새로운 사업에 도전하라

특화기술과 공신력을 바탕으로 미래 준비

정보화의 급속한 진전으로 우리 공사의 기존 사업량은 감소세에 있고, 그나마 경기호황 여부와 발주기관의 사정 등에 따라 변동이 심한 형편이다. 따라서 우리 공사의 항구적인 발전을 위해서는 사업 방향을 명확히 설정해야 할 필요가 있다. 이에 우리 공사는 "기존 전통사업은 유지·발전시키고, 새로운 사업을 적극적으로 발굴·진출함으로써 공익성을 제고하고 수익성을 증대한다"는 큰 틀의 사업 방향을 설정했다.

구체적인 추진전략을 살펴보면 다음과 같다. 기존 시장은 가격·품질 경쟁력을 향상시켜 유지하고, 일반제품과 차별화된 전략으로 시장을 확대시키며, 축적된 특화기술을 더욱 발전시켜 신규 시장을 적극적으로 개척한다는 내용이다.

물론 신규 시장에 진출함에 있어서 수익성을 등한시할 수는 없지만, 공익성 제고를 우선적으로 고려하기로 했다. 예를 들어 수출 시장을 개척해 외화를 벌어들이고, 수입대체 제품을 개발해 외화유출을 방지하고, 국내 유일의 위조전문 기술기업으로서, 그 동안 축적한 위조방지기술과 공신력을 바탕으로 가짜가 범람하는 시장 질서를 바로잡는 사업도 추진한다는 계획이다. 이를 좀더 구체적으로 거론하자면,

● 수출 시장 개척은 대상지역 광역화 및 제품 다양화
● 수입대체 제품은 지폐인식 모듈 개발 및 상품권시장 진출
● 위조방지 기술 및 공신력은 카드 · DOVID · 브랜드 · 인식기기 사업

등을 대표적인 예로 들 수 있다.

나는 2003년 신년사에서 4대 경영전략 중 '사업구조 재편'을 최우선으로 하는 경영의지를 강하게 천명하고, 또한 사보(社報) '돈 만드는 사람들'과 인트라넷 등 다양한 사내 정보 채널을 통해 전직원의 동참과 협조를 당부했다.

도전, 그리고 또 도전

카드 사업

오늘날 우리에게 닥친 경영위기의 가장 큰 원인을 꼽으라면 '전자금융의 확산'이라고 생각한다. 다시 말하면 전자금융의 확산이 기존의

금융기반을 뿌리째 뒤흔들고 있는 것이다.

1980년과 비교해 20여 년이 지난 지금, 인구와 경제규모가 대폭 증가(GDP는 11배 성장)했으나 은행권 사업량은 비슷한 수준이라는 사실에서도 경영위기의 원천을 파악할 수 있다.

사실 전자화폐에 대한 나의 소신은 부임 당시 밝힌 바 있다. 전자화폐 분야는 유통형태만 다를 뿐, 화폐의 일종이고 화폐를 만드는 것은 우리의 본래 업무다. 또한 디지털 기술의 급속적인 발달에 힘입어 금융환경의 변화는 우리 공사의 전통적인 사업(화폐, 수표 등)에 직접적인 영향을 미친다. 그러므로 미래사회의 변화에 유연하게 대처하고 지속적인 발전을 추구하기 위해서는 전자화폐 등으로 상징되는 카드 사업을 공사의 미래 핵심사업으로 적극 육성해야 한다고 언급했었다.

이러한 방침에 따라 미래 유망사업으로 단정 지은 카드 사업을 좀 더 일관성 있고 체계적으로 추진하는 행동력이 필요했다. 나는 카드 사업을 전담하는 사업팀을 정식 조직으로 신설하고 카드 사업에 대한 마스터플랜(Master plan)을 긴급히 수립하도록 첫 임무를 부여했다.

이러한 나의 강력한 의지를 바탕으로 한 카드 사업계획은 대학교수로 구성된 컨설팅팀의 최종 자문을 받아 확정했다. 공사의 최대 강점인 보안성을 최대한 활용해 차세대 NID[44] 등 공공부문 스마트

---

44) National Identification : 국가차원에서 자국민의 신상정보를 DB화해 관리할 수 있도록 하는 것을 의미하며, 이것을 기반으로 주민등록증·여권 등의 신분증을 발급함

카드의 시장 선점을 통한 안정적 사업영역을 확보하고, 단계적으로 종합관리 시스템을 개발해 e-Solution을 공급할 수 있도록 계획했다.

카드 사업에 대한 나의 강력한 의지와 체계적인 계획에 힘입어 시행 첫 해인 2003년, 카드 사업의 매출실적은 102억 원에서 120억으로, 공사의 총 매출액에서 차지하는 비중도 4.4%에서 6.2%로 크게 증가했다. 결과적으로 카드 사업에 대한 경영노력이 성과를 얻고 있는 것으로 나타났으며, 2차 연도인 2004년에도 카드 사업의 성장곡선은 더욱 가파르게 상승해서 134억 원의 매출실적을 올렸다.

DOVID 사업

광가변성 요소(DOVID)는 높은 보안성을 가진 홀로그램이다. 홀로그램은 어린이들의 학용품 등에서도 쉽게 볼 수 있는 것으로서 3차원적으로 보이는 등 시각효과가 높아 일상생활에서 많이 활용된다.

그러나 우리가 생산할 DOVID는 기술과 보안성 측면에서 일반 홀로그램과 비교할 수 없는 높은 부가가치를 갖는 제품이다. 일반 홀로그램은 일부 국내업체에서 제조해 상업적으로 판매되고 있다. 그러나 국가 신분증 등에 적용하기에는 보안성이 매우 미흡한 실정이다. 이에 우리는 세계적으로도 몇몇 업체에서나 가능한 DOVID 생산기술을 개발해 국내시장은 물론 세계시장에도 수출한다는 계획을 갖고 있다.

사실 DOVID 사업의 발단은 우리나라 은행권의 보안성을 강화하고, 품위를 향상하는 방안으로 검토되었다. 현재 통용되는 화폐는 발행된 지 20년이 훨씬 지났으며 그 동안 3~5차례나 부분적으로 보완 과정을 거쳤다. 하지만 첨단화되어 가는 컴퓨터나 컬러 복사기를 이용한 위조를 막기에는 한계가 있었다. 따라서 일반 국민이 쉽게 확인할 수 있고 모방이 어려운 장치로서 DOVID 요소를 검토하게 되었다.

그러나 검토과정에서 DOVID 기술의 성장성과 기술 가치를 판단한 결과, 이 기술을 우리나라 화폐에 적용한다면 안정적인 공급과 동시에 기술적 파급효과가 클 것으로 판단되어 공사의 미래시장으로 사업화하기에 이른 것이다.

현재 첨단기술이라 할 수 있는 DOVID 사업을 전담할 TF(Task Force)팀을 설치하고, 단계별 사업계획을 수립해 차질 없이 진행하고 있다. 또한 기술연구소에서는 DOVID 관련기술의 개발을 이미 착수했고 전담팀에서는 생산시설 도입을 진행 중이다.

DOVID 기술은 2002년부터 발행된 유로화를 시작으로 선진국에서도 화폐 및 특수 보안제품에 활발히 적용되는 추세다. 앞으로도 DOVID 시장은 안정적으로 증가될 것으로 예상됨에 따라 공사가 거는 기대가 클 뿐만 아니라, 초기단계에 있는 국내 기술발전을 이끄는 계기를 제공할 것이라고 생각한다.

지폐인식 모듈사업

지폐인식 모듈사업은 우리 공사가 조폐기관의 틀을 벗어나 새로운 시장으로 진출하려는 제2의 창업적인 고부가가치 사업이다. 아울러 대국민 서비스를 한 단계 높이는 사업이기도 하다.

우리 공사가 이제까지 수행해 온 대부분의 사업은 화폐·유가증권 및 국가에서 필요한 메달류의 범주에서 벗어나지 못했었다. 그러나 지폐인식 모듈사업은 직접적인 조폐사업이라기보다는 우리 공사만의 조폐기술을 활용해 인식모듈을 개발하고, 이를 금융자동화기기 업체에게 제공함으로써 개발기술을 국민과 공유한다. 또한 수입에 전량 의존하는 핵심장치를 국산화해 연간 1,000억 원에 이르는 수입대체 효과로 외화유출을 방지하겠다는 것이다.

우리는 인식기술이 제어 및 신호처리 기술과 연관된 첨단기술로서 기술 파급효과가 크고 국산화가 시급한 기술이므로 국가차원에서 추진될 수 있도록 국책사업으로 선정해 줄 것을 산업자원부에 요청했다. 그 결과 국책연구과제로 선정되기에 이르렀다.

현재 국내 기업과 컨소시엄을 구성해 추진 중이다. 즉 지폐인식기술을 제공하고, 외부 컨소시엄 업체는 구동장치를 개발해 금융자동화기기(ATM, 계수기 및 화폐 교환기 등)의 핵심부품인 인식모듈을 개발하는 것이다.

연구가 완료되는 2007년쯤에는 우리의 기술로 개발한 지폐인식장치가 사용될 것이다. 그 결과 연간 1,000억 원 정도의 외화를 절감하고, 공사는 연간 150억 원 정도의 매출을 창출할 것으로 기대된다.

브랜드(Brand), 보안요소 및 인식기기 사업

브랜드 사업군(群)은 공사의 공신력과 핵심역량을 활용해 상품을 기획ㆍ제조해 시중에 판매ㆍ유통시키는 사업을 일컫는다. 이 사업은 일반 유통판매사업과는 달리 공사만이 가지는 독특한 상품을 전시, 홍보함으로써 국가문화상품의 발전에 기여한다는 문화홍보 판매사업이라고 말할 수 있다.

그렇다면 우리는 왜 브랜드 사업을 수행해야 하는가? 답은 간단하다. 공신력이 생명인 귀금속 · 보석류 사업 및 감정사업은 국내 유통질서를 바로 잡는 공기업의 역할을 필요로 한다. 아울러 공사의 기본역량과 직결되는 대 국민에 대한 의무 성격을 갖기 때문에 브랜드 사업을 수행하는 정당성을 갖는다.

즉 정부투자기관인 우리 공사의 공신력이, 가치기준이 모호한 귀금속 · 보석류 · 수집품 · 골동품에 대한 인증된 가치를 부여할 수 있을 것이다. 또한 거래시장이 제대로 형성되지 않은 귀금속이나 골동품 시장에 우리 공사가 참여함으로써 유통질서가 확립되는 계기가 될 것으로 기대한다.

더욱이 신(新) 유통 채널인 홈쇼핑과 인터넷을 통한 매매가 점차 확대 · 다양화되고 있는 추세로 볼 때, 우리 공사처럼 공신력 있는 기관이 품질을 인증하는 풍토가 조성돼야 할 것이다. 이러한 필요성에 따라 영국 · 캐나다 · 미국 · 일본 등 선진국에서는 오래 전부터 조폐기관에서 귀금속 가공 및 유통사업을 주도해 왔다.

따라서 브랜드 사업의 목적은 귀금속 · 보석류 및 수집가치가 있는 골동품이나 세계적인 화폐의 유통질서를 정립하고 객관적인 가치를 부여해 전통문화의 대중화에 앞장서겠다는 데에 있다.

보안요소(保安要素)[45] 사업은 공사제품에 사용되는 위조방지용 소재

---

45) 화폐, 여권 등 위변조를 방지하기 위한 은선, 은화, 형광잉크 등을 말함

와 기술을 활용해 보안성이 요구되는 신규 제품을 개발하고, 이를 자체 생산해 판매하는 사업이다. 이 사업은 하나의 제품이라기보다는 중간재 형식으로 판매되기 때문에 일반시장 개척이 가능하며 새로운 매출이 발생된다. 게다가 제품에 사용되는 중간재를 대량으로 생산할 경우, 공사 제품의 원가까지도 절감되어 일석이조의 효과도 기대할 수 있다.

인식기기(認識器機) 사업은 우리 공사가 제조해 공급한 제품의 진위를 쉽게 식별할 수 있도록 인식 모듈이나 운영 시스템을 자체 개발해 인식기기를 판매하겠다는 것이다. 우리가 공급한 제품이 위조될 가능성이 있다면 위조품을 확인할 수 있는 도구까지도 고객에게 제공하는 것이 고객관리 차원에도 바람직하다는 생각이다.

이러한 사례가 없는 것은 아니다. 2004년 4월 행정자치부의 요청에 따라 외부 컨소시엄 업체와 '주민등록증 위조·변조 식별시스템'을 공동으로 개발한 바 있다. 즉 주민등록증의 위조사례가 증가하고 있으나, 위조된 가짜 주민등록증을 일반인이 확인하기 어려우므로 간편하게 사용할 수 있는 식별기를 개발한 것이다. 이것은 주민등록증을 제조·공급하는 전담기관이 고객에게 당연히 제공해야 하는 서비스라고 생각한다.

따라서 비록 늦은 감이 있지만 공사 제품에 대해 끝까지 책임지는 차원에서 인식기기 사업을 추진하고 있다.

상품권 시장 진출

상품권 시장은 1999년 상품권법이 폐지되면서 급성장했다. 시장

규모는 약 6조 원에 이르고, 발행량은 2억 장 정도로 추산한다. 우리 공사는 농협상품권 등 연간 2,000만 장 정도를 제조해 공급해 왔다. 현재 대형 유통업체(백화점, 정유사, 제화사) 점유율이 50%대에 이른다.

1999년 한국조폐공사법이 개정되기 전까지는 민간부문 영업이 사실상 불가능했기 때문에 시장선점의 기회가 없었다. 이런 연유로 많은 상품권 발행업체들이 위변조방지 차원에서 외국업체에 발주하고 있는 실정이다.

우리 공사도 외국에서 수입하는 상품권 이상의 품질을 자신한다. 가격경쟁력도 충분히 확보하고 있다. 수입을 대체해 외화유출을 방지한다는 국익 차원에서도 수입상품권을 사용 중인 대형 백화점 등을 대상으로 수주 노력을 집중해 시장점유율을 확대하고 있다. 이 같은 노력의 결과, 수주량은 2002년 1,900만 장에서 2003년에는 2,700만 장으로 증가했고, 2004년에는 8,800만 장에 이른다.

중장기적으로 향후 예상되는 수표 사업량 급감에 대비하는 대체사업으로도 상품권은 큰 역할을 할 것이다.

세계 속의 KOMSCO

수출 시장 활성화

우리 공사는 1970년에 태국의 소비세증지 10억 4,400만 장 수출을 시작으로 인쇄 · 제지 · 주화 제품 등을 꾸준히 수출해 왔다.

2004년에는 인도네시아 은행권용지와 이스라엘 주화, 호주 소전, 필리핀 극인[46] 등을 수출했고, 2005년에는 이들 제품의 수출 확장과 함께 필리핀·베트남 등에 보안제품(保安製品) 수출을 추진 중에 있다.

기존 시장을 고수하고 새로운 시장을 개척한다는 것은 결코 쉬운 일이 아니다. 가격과 품질경쟁력에서 경쟁기업보다 우위를 확보해야 하고, 유기적 협조체제 및 유대강화도 소홀히 할 수 없다.

조폐수출 시장은 전반적인 세계 경기침체와 중국·러시아 등 신흥국가들의 시장 참여로 경쟁이 치열하다. 여기에다 유로화 생산이 끝남에 따라 유럽 지역 조폐기관의 잉여시설이 발생해 국제 낙찰가가 계속 하락하고 있는 상황이다.

이런 어려운 상황을 극복하기 위해서는 지속적인 혁신과 기술개발을 통해 경쟁력을 확보해야 한다. 우리는 현재 잉크·국가신분증·여권 등으로 수출제품 다각화(多角化) 정책을 추진하고 있다.

또한 재외공관, 수출 대리인(Agent)과의 유기적 협조체제를 유지하고, 외국 조폐기관 주요인사들을 초청해 조폐창 견학·제품 홍보 등의 유대를 강화하고 있다. 2004년에는 동남아 3개국을 방문해 우리 공사 제품을 홍보하고 마케팅 활동을 펼쳤다. 각종 조폐관련 국제회의에도 적극적으로 참여해 선도적으로 활동을 벌여 우리 공사의 위상을 높이고 있다.

---

46) 주화 등을 제조하기 위해 형상을 새긴 금형으로 우리가 사용하는 도장과 같은 역할을 함

동남아 수출 시장

인도네시아는 우리 공사와 18년 동안 깊은 인연을 맺어오고 있다. 1986년부터 500·1,000루피아[47] 등 총 4,600톤에 달하는 은행권용지를 수출했으며, 2005년에 공급할 1,000루피아 용지 1,577톤도 수주했다. 이는 부여조폐창 제지시설을 7개월 정도 가동할 수 있는 많은 물량이며, 시설 운휴(運休)를 방지한다는 측면에서도 경영에 기여하는 바가 크다.

인도네시아는 경제규모가 확대될 것으로 예상됨에 따라 은행권용지 수요가 더욱 늘어날 전망이다. 우리 공사가 수출하는 1,000루피아 은행권용지는 가격과 품질 면에서 호평을 받고 있다. 그리고 유럽 지역 조폐기관이 공급하는 나머지 5개 권종(券種)도 우리 공사가 수출할 수 있도록 만반의 준비를 갖추고 있다. 2005년에 제지시설 보완이 완료되고 나면 더욱 좋은 품질의 은행권용지 생산과 가격경쟁력도 확보할 수 있기 때문에 해볼 만하다는 자신감이 생겼다.

베트남은 1973년 당시 수입증지 4,200만 장을 수출한 인연이 있다. 현재 은행권용지 수출을 위해 많은 공을 들이고 있지만, 성과를 장담할 수 없을 정도로 영국·독일·프랑스 등 선진 조폐기관들의 각축장이다. 이러한 치열한 경쟁은 가격경쟁으로 이어져 출혈경쟁이 우려되는 실정이다. 이 역시 제지시설 보완이 완료되면 해볼 만하다는 판단

---

47) 인도네시아 화폐단위로서 우리나라 화폐 단위인 원과 같은 개념

이다.

필리핀의 경우 1973년부터 증지·은행권용지·주화 등 다양한 제품을 수출하고 있다. 특히 은행권용지의 경우 고액권종은 유럽 선진 조폐국의 시장선점 및 기술특허 장벽으로 화폐 제조비용이 너무 많이 소요된다는 비판이 필리핀 내에서 일고 있어, 우리에게는 기회가 될 수도 있다는 판단이 들어 현재 준비 중이다. 은행권용지 입찰에 참가하기 위한 PQ[48] 획득을 추진하고 있는 것도 이러한 이유 때문이다.

2004년 7월 7일 필리핀 중앙은행에서 실시한 필리핀 주화용 극인 2종(1-Piso, 25-Sentimo)[49]의 국제경쟁입찰에서 세계 유수의 조폐기관을 따돌리고 당당히 낙찰을 받았다.

그 동안 우리 공사는 국내주화는 물론 세계 8개국에 현재까지 77억 장 이상의 주화를 수출해 왔다. 그러나 필리핀 주화용 극인의 수주는 우리의 극인과 주화제조 기술이 세계 수준에 도달해 있음을 보여주는 성과라 할 것이다.

특히 필리핀 주화용 극인의 경우 제조기법이 특이하고 납기 또한 매우 촉박한 가운데 진행되어 그 가치가 더욱 빛을 발한다.

국내 주화용 극인은 평균적으로 30만 장을 찍어낼 수 있고 표면을 크롬으로 처리하는 반면, 필리핀 중앙은행은 평균 극인 수명을 1-Piso용은 50만 장, 25-Sentimo는 80만 장을 찍어낼 수 있도록 하고, 표면

---

48) Pre-Qualification : 사전입찰 참가자격
49) 필리핀의 화폐단위

을 질화크롬으로 처리해 줄 것을 요구하는 등 새로운 기술과 규격을 요하는 힘들고 까다로운 품질 조건을 내걸었다. 그러나 이러한 것을 극복해 낼 수 있었던 것은 고객의 요구에 부응하기 위해 꾸준히 기술을 개발해 온 결과다.

이처럼 까다로운 요구사항을 극복하고 제조한 시제품의 수명이 100만 장 정도로 나타나자 시제품 합격과 함께 본 제품도 조속히 공급해 달라는 통보를 받았다.

필리핀 주화용 극인 960쌍(1-Piso 300쌍, 25-Sentimo 630쌍) 수출은 많은 의의가 있다. 수출 제품이 은행권용지·주화·소전 이외의 품목으로 다각화되었다는 측면에서 큰 의미를 갖는 것이다.

세계 일류 조폐기술 기업을 향해

조폐기술의 현주소

'조폐기술 자립' 이란 사명감으로

나라 경제의 발전과 높아진 국민 의식수준은 세계 어느 나라 화폐와 비교해도 손색 없는 화폐생산을 요구한다. 또한 조폐기술 자립을 위한 체계적인 기술개발의 필요성을 인식시켜 주었다. 이에 한국조폐공사는 조폐기술 자립이라는 기치를 내걸고 1967년 기술연구소를 설립했다.

그러나 조폐기술 자립은 의욕만큼 그리 순탄하지 않았다. 화폐가 그 나라의 문화 및 경제수준을 대표하는 기준이 되고, 특히 위조가 미치는 사회적 혼란을 생각할 때, 세계 각 나라는 자신들이 보유한 화폐

제조기술의 유출을 철저하게 방지하고자 기술 보호장벽을 더욱 높이는 상황이었다.

더욱이 갓 피어나던 국내기술마저도 전쟁으로 무너져 버렸고 그런 상태에서 조폐기술 자립의 의지는 처음부터 난관에 부딪힐 수밖에 없었다.

그러나 어려움 속에서도 '조폐보국(造幣報國)'이라는 투철한 사명의식을 가지고 지속적으로 연구개발을 추진한 결과, 제지·잉크제조·디자인·조각기술, 인쇄 및 주화 제조기술 등을 아우르는 화폐 제조기술뿐 아니라, 디지털 시대를 선도하는 카드 제조기술까지 두루 갖추어 명실공히 세계 일류 조폐기관으로 성장할 수 있었다.

즉 인쇄시설을 설치했음에도 기술 개발능력이 부족해 외국 조폐기관에서 수입하던 인쇄원판(印刷原版)[50], 주화용 원극인(原克印)[51]과 특수 종이의 제조기술 등 화폐 제조기술 대부분을 자체 개발해 사용하는 수준에 도달한 것이다.

특히 잉크 제조기술은 인쇄시설의 고속화에 발맞춰 수불식 요판(凹版) 잉크·무간지(無間紙) 요판 잉크를 거쳐, 첨단 위조방지 요소기술로 각광받는 광가변안료(光可變顔料)까지 단계적으로 개발해 냈다. 그리고 제품 품질은 물론 생산성 측면도 획기적으로 향상시켰다.

화폐를 제조하는 대부분의 기저기술(基底技術)은 이미 확보돼 있으

---

50) 지폐를 인쇄하는 인쇄판과 인쇄판을 만드는 종판의 중간 개념으로 보통 플라스틱 또는 동으로 제조됨
51) 동전을 압사하는 극인을 대량으로 생산하기 위해 제조되는 극인과 모양이 같은 형틀

며, 지금은 고성능 컬러 복사기 및 스캐너 등을 이용한 디지털 위조사례를 원천적으로 방지할 수 있는 디지털 위조방지 기술개발에 역점을 두고 있다.

카드 관련기술은 우리 공사가 보유한 On/Off line 설비를 바탕으로 주민등록증을 포함한 대부분의 공공 카드를 제조·공급하는 제조 및 발급기술을 이미 보유하고 있다. 나아가 콤비카드[52] 제조기술을 확보하고 e-solution 공급업체로 성장하기 위한 연구개발을 정책적으로 추진하고 있는 단계에 와 있다.

세계에서 보기 드문 일관생산체제 구축

이렇듯 연구개발에 대한 각고의 노력은 화폐제조에 필요한 종이와 잉크를 자체적으로 만들어 사용하는 일관생산체제(一貫生産體制)를 가능하게 했다.

대부분의 외국 조폐기업이 종이와 잉크를 전문기업으로부터 구매하는 것과 비교할 때, 이러한 생산체제의 조폐기관은 세계적으로도 우리나라를 포함해 두 나라 밖에 되지 않는다.

그 만큼 우리 공사는 조폐기술에 관련된 다방면의 기술을 갖추고 있다고 할 것이다. 또한 개발기술의 보호를 위해 등록된 지적재산권도 224건이 출원되어 150건이 등록되었는데, 국제특허 7건 중 하나는 러

---

52) 하나의 카드에 서로 공유하는 두 가지 메모리가 존재하는 스마트카드

시아에 수출되어 기술 수익을 올리기도 했다.

이제는 세계 유수의 조폐기업이 공동연구와 기술제휴를 제안할 정도며, 여러 국제 조폐회의체에서도 우리 기술의 우수성을 인정하는 수준으로까지 비약적인 발전을 이루었다.

그러나 우리는 여기에 만족하지 않는다. 날로 기능화되어 가는 위변조에 대응하고 세계 조폐시장의 개척을 위해서 가격과 품질경쟁력을 높일 수 있는 조폐기술 개발에 노력을 아끼지 않을 것이다.

또한 IT[53], BT[54], NT[55]를 기반으로 한 디지털 정보사회의 발달, 다양해지는 유통매체를 수용하고 조폐사업의 다각화를 지원하기 위한 기술의 개발은 자체 연구능력으로는 한계가 있게 마련이다. 따라서 외부 연구기관과 기술적 제휴 및 공동연구를 활발히 추진해 미래 조폐기술을 개발할 계획이다.

세계 일류 조폐기술 개발

미래기술에 대한 도전

우리는 새로운 비전을 '세계 일류 조폐기술 기업'으로 설정했다. 이는 기술만이 우리 공사의 미래를 보장해 주고, 기술 우위를 확보해야 경

---

53) Information Technology : 정보기술
54) Biology Technology : 바이오기술
55) Nano Technology : 나노기술

쟁력 우위를 확보할 수 있다는 나의 평소 소신에 따른 것이다.

공사는 기술연구소를 중심으로 기술개발에 전력해 많은 개발성과를 얻었다. 그러나 내가 부임했을 때는 정보화사회의 급격한 변화의 과정이었다. 전통적인 기술과 사이버로 말할 수 있는 디지털 기술 변혁기에서 기술개발 방향의 명확한 설정에 어려움을 겪고 있었다.

기술전략과 사업전략이 서로 유기적으로 연결·보완되면서 조폐산업을 이끌어가야 하는 경영상의 어려운 시점에 와 있었다. 그리고 기술개발의 전략적 접근이 절실했던 상황이었다. 이러한 경영환경의 급격한 변화에 대응하기 위해 우리는 외부 자문과 자체 분석결과를 토대로 조폐기술에 대한 장단기 개발전략을 수립했다.

이 개발전략에서 우리의 핵심역량을 '화폐 및 유가증권류의 위조·변조방지 요소기술'로 정의하고, 핵심역량을 확보하기 위한 관리시스템으로,

- 기술개발의 효율적인 수행을 위한 System 전략
- 개발 자원의 선택과 집중을 위한 Resource 전략
- 연구인력의 성과보상을 강화하는 Management 전략

을 설정해 현재 '세계적 수준의 조폐연구기관 달성'이라는 목표로 추진 중이다. 목표연도인 2010년경이면 우리 기술연구소는 미래 사업을 창출하는 고부가가치 조폐기술 연구기관의 입지를 확고히 구축할 것이다.

전직원이 참여하는 기술개발 시스템

나는 2003년 신년사에서 우리의 진정한 경쟁상대는 국내 민간기업이 아니라 세계 유수의 보안제품 제조기업이며, 세계 초일류의 기술과 생산성을 갖추지 않으면 이들과의 경쟁에서 낙오될 수밖에 없다는 것을 역설했다. 다시 말해 기술경쟁력의 확보 여부가 우리에게 생존의 문제로 다가오고 있다는 것을 강조한 것이다. 그리고 기술개발, 생산시설 현대화, 지속적인 경영혁신 등에 전사적으로 참여할 것을 호소했다.

공사의 핵심기술을 개발하는 기술연구소는 2001년부터 팀제를 도입해 많은 변화를 추구하고 있었지만, 7개 팀으로 나뉘어 관리범위가 너무 넓었으며, 팀별 업무가 기능별로 구분되었던 까닭에 연구자원이 분산되는 등 비효율적인 연구조직을 갖추고 있었다.

따라서 7개 팀을 5개 팀으로 통합하고 제품과 기술개발 조직으로 재편함으로써, 연구원들이 유기적인 상호협조를 통해 창의성을 발휘해 연구에 전념하도록 했다.

우리 기술연구소와 같이 기업부설 연구소에 대한 나의 지론은 이렇다. 즉 기술개발의 중심축은 기술연구소이므로 전문성이 요구되는 기초기술·응용기술과 제품개발 기술은 연구소가 담당하고, 전문성이 요구되지 않으며 현장연구가 가능한 현장기술은 생산현장에서 추진함으로써 연구소와 현장 간의 활발한 기술교류를 도모하는 것이다. 이는 선의의 경쟁을 벌여 발전적으로 기술개발이 진행돼야 한다는 의미다.

이에 따라 그 동안 연구소에서만 전담·수행하던 연구를 2004년부터는 생산현장에도 그 기능을 부여했다. 기술정보를 지원하고 연구예산을 배정하는 등 현장직원의 개인 능력개발은 물론, 작업 중 발생하는 문제점에 대해 자체적으로 연구해 해결하는 분위기를 조성했다.

우리의 미래를 밝혀줄 핵심기술을 현장의 최전선에서도 개발하는, 전직원 기술개발 시스템을 이룩한 것이다.

기술개발지도(TRM [56])

기술연구소의 하드웨어 성격인 조직정비를 마치고 이제는 소프트웨어의 보완을 통해 완벽한 기술개발 체제를 구축해야 할 차례다. 즉 돈 만드는 데 필요한 기술, 하나하나에 대한 달성목표가 있어야 한다.

기술 목표가 확정돼야만 '올바른 목표를 향해', '올바른 방향으로', '올바른 길을 달릴 수 있을 것' 이다. 다시 말하자면 전직원이 공감하는 핵심기술을 선정하고, 선택된 사항에 대해서 전사적으로 경영자원을 집중하는 분위기가 조성돼야만 목표를 달성할 수 있다.

나는 우리 공사의 기술개발 목표년도를 2010년으로 잡고, 그 때까지 선진 수준의 조폐기술을 확보한다는 계획으로 TRM 작성을 시작했다. TRM은 우리의 미래사업을 예측하고 예측된 사업에 필요한 기술 수준을 분석해 목표년도까지 차근차근 준비하는 일종의 기술개발 일

---

56) Technology Road Map : 기술개발지도

정표라고 할 수 있다.

TRM은 기술과 제품 분야별로 기술의 발전 비전과 목표, 발전방향, 전략기술 및 경쟁기업의 주요 정보 등을 분석하고 지속적인 보완을 통해 조폐기술 발전에 적극 활용할 계획이다.

정책 연구과제(Top-Down)

화폐는 정부가 보증하는 신용거래 수단의 상징이다. 따라서 화폐가 불순한 목적으로 쉽게 모방·복제된다면 사회적 신용거래의 기본이 혼란스러워질 것은 불을 보듯 뻔한 일이다. 이렇듯 국가의 신뢰도를 유지하고 높이는 역할이 우리의 핵심역량을 활용해 핵심가치를 창출하는 길이며, 이는 우리 공사의 설립목적 중 하나다. 또한 우리 공사가 존재하는 이유인 것이다.

이러한 사명으로 위조나 변조를 방지할 수 있는 기술개발에 전력함으로써 2003년에는 정책적 연구과제(Top-Down) 2건을 선정해 현재 연구수행 중에 있다. 그리고 2004년에는 2005년 연구과제로 4건의 정책과제를 지시했다.

탑-다운(Top-down) 과제는 기업의 경영전략에 따라 개발 필요성이 있는 기술개발을 위해 경영차원에서 부여하는 연구과제다. 실패의 리스크는 크지만 개발되었을 때는 경영에 긍정적으로 기여하는 기술이라고 할 수 있다.

앞으로도 경영전략을 지원할 수 있는 탑-다운 과제를 적극 발굴·지원하며, 개발실적이 높은 연구원에게는 충분한 보상을 제공해 연구개발의 질적 수준을 향상시켜 나갈 계획이다.

도전, 세계 일류 조폐기술 기업

경쟁업체와 전략적 제휴 — '적과의 동침'

화폐를 만드는 조폐기술을 두고 '종합예술'이라고들 한다. 왜냐하면 지폐를 만드는 종이 제조기술, 잉크를 만들고 인쇄하는 기술, 주화 및 카드 제조기술 등 여러 기술의 복합체가 조폐기술이기 때문이다.

대부분의 외국 조폐기업은 부분별로 독립되어 있어 용지와 잉크를 외부로부터 구입해 화폐를 제조하지만, 우리 공사는 화폐제조에 필요한 용지, 잉크 등을 자체에서 제조해 사용한다. 그렇기 때문에 각 분야의 기술개발을 위해서는 이에 적합한 연구인력과 기반기술을 갖추고 있어야 한다.

그렇지만 이에 필요한 모든 기술과 인력을 확보한다는 일은 불가능하므로, 철저한 보안이 요구되는 핵심기술을 제외하고는 외부의 기술과 연구능력을 활용하는 것이 오히려 효율적일 수도 있다. 결국 전략적 아웃소싱(Outsourcing)의 개념이 필요한 부분이다.

이러한 의미에서 2000년대 들어 외부기업과의 전략적 기술제휴, 공동연구 및 위탁연구 방식으로 높은 수준의 외부기술과 조폐기술의 접목을 꾀하고 있다.

이를 통해 미래기술 개발을 적극 시도하고 우리가 가진 기술적 제한성과 연구능력의 한계를 뛰어넘고자 노력하고 있다.

그 대표적인 성공사례가 SICPA[57]사와 전략적 제휴를 통한 광가변 잉크 공동개발이다.

SICPA사는 보안 잉크분야의 세계적인 기업으로서 세계 여러 나라에 많은 공장을 두고 있다. 현재 연구원 300여 명을 포함해 직원 3,600명이 종사하고 있으며, 오로지 특수 잉크만 제조하는 다국적기업이다.

그 동안 SICPA사는 우리 공사에게 화폐 인쇄에 필요한 특수 잉크 공장을 합작·설립하자고 꾸준히 접촉해 왔었다. 그러나 우리가 만약 SICPA사와 합작할 경우, 잉크의 품질향상은 이룰 수 있으나 기술종속을 우려해 감히 실행하지 못했다.

그렇지만 내가 판단할 때 합작에 따른 기술 종속이 우려된다면 SICPA사와 공동연구 형식으로 추진하면 될 것이었다. 이러한 전략으로 2003년 스위스 SICPA사를 방문해 기술협력을 체결했다. SICPA사와 전략적 제휴를 함으로써 연구소 개소 이래 최초로 외국 연구소와 공동연구를 수행하게 되었다. 그 결과 우리가 자체 개발한 광가변 잉크 제조용 특수안료를 SICPA사에 역수출할 수 있었으며, 그 결과 외화 획득은 물론 세계 조폐업계에서 우리 공사의 위상을 크게 높이는 계기가 되었다.

외부 선진기술과의 적극적인 기술교류는 국내 연구소와도 활발히 진행되었다. 국내 IT 분야의 대표적 연구소인 한국전자통신연구원(ETRI)과 생체인식기술 개발을 위한 공동연구를 추진한 것이다. 이는 국책사업을 추진한 최초의 연구과제이기도 하다. 또한 국책 연구사업

---

57) 세계 보안 잉크의 90% 이상을 공급하는 스위스 잉크제조 회사

인 부품소재 기술개발사업을 외부 벤처기업들과 컨소시엄을 구성해 공사의 핵심분야인 지폐인식 모듈 개발을 위한 연구를 수행했다. 이렇듯 내·외부 연구자원을 효율적이고 탄력적으로 활용함으로써 연구 활성화의 새로운 장을 펼쳐나갔다.

앞으로도 내부 역량에 연연하지 않고 모든 분야에 과감하고 적극적인 아웃소싱을 강화할 계획이다. 내부적으로는 강한 도전정신과 경쟁의식을 키우고, 밖으로는 우리의 기술 위상을 높여 '세계 일류 조폐기술 기업'을 앞당기는 기술개발 전략을 추진할 것이다.

가장 아름다운 주화, 세계 최고의 우표

세계를 활동무대로 하는 KOMSCO

우리 공사는 조폐 관련 정보의 효율적인 교류와 공사의 국제적 위상 제고를 위해 1985년 PRBPC[58] 가입을 시작으로, 현재 8개 조폐관련 국제기구의 정회원 또는 옵저버로 활발히 활동 중이다. 또한 각종 국제회의와 관련해 국내 관계기관인 정보통신부·한국은행·경찰청 등과도 긴밀한 협조체제를 유지하고 있다.

현재 활동 중인 회의체로는 태평양 연안국의 은행권 발권 및 제권 기관들이 주축으로 1973년에 설립한 PRBPC, 1986년에 가입한 주화

---

58) Pacific Rim Banknote Printers' Conference : 환태평양 은행권 인쇄책임자회의

관련 조폐기구인 MDC[59]와 우표관련 GPSPC[60]가 있다.

또한 메달 관련 직원들의 창의력 향상과 예술메달의 국제적인 감각과 기술동향을 습득하기 위해 1990년에는 FIDEM[61]에 일반회원으로 가입했다.

그 밖에 옵저버로 참가하고 있는 회의체로는 TEMAN[62], 인터폴 위조방지회의, CC[63], EBPC[64], MTC[65] 등이 있다.

이러한 회의체 활동을 통해 세계적으로 인정받는 공신력을 갖춘 조폐기업으로 입지를 다지고, 세계 유수 조폐기관들과 해외정보 획득, 기술개발 등에 많은 도움을 얻고 있다.

환태평양 은행권 인쇄책임자회의(PRBPC)

우리 공사는 1985년 10월, 미국 워싱턴에서 개최된 제7차 PRBPC 총회에서부터 옵저버로 참석하기 시작해 정회원으로 활동 중이다. 현재 미국을 비롯한 15개국이 회원국에 가입해 있다. 또한 이 회의체와 상호 교류관계에 있는 EBPC의 기술분과위원회에 옵저버 자격으로 참석하기 때문에 세계에 우리 공사를 소개하고 조폐기술 교류 및 정보수집

---

59) Mint Directors' Conference : 세계주화책임자회의
60) Government Postage Stamp Printers' Conference : 정부 우표인쇄 책임자회의
61) Federation Internationale de la Medaille : 국제메달협회
62) Technical Meeting of Mints in ASEAN : 아세인조폐기술회의
63) Currency Conference : 국제화폐회의
64) European Banknote Printers' Conference : 유럽은행권인쇄책임자회의
65) Mint Technology Conference : 조폐기술회의

활동 등을 수행할 수 있게 되었다.

1993년에는 우리 공사가 서울과 경주에서 제11차 총회를 성공적으로 개최해 '역대 가장 모범적인 회의'였다는 경의와 찬사를 받은 바 있다.

세계주화책임자회의(MDC)

세계주화책임자회의(MDC)는 1962년 스위스 로잔에서 창설되어 현재 정회원인 42개국의 조폐기관과 세계 대표적인 코인 딜러(Coin Dealer) 등 50여 개의 옵저버 기관으로 구성돼 있다. 조폐기술 발전과 주화사업에 관련된 경험·정보교환 및 우호협력 증진을 위해 2년마다 총회가 개최된다. 우리 공사는 1986년 제14차 캐나다 총회에서 정회원으로 가입해 매회마다 주화제조 기술 부문에 기술논문을 발표해 왔다.

2002년 4월 15일부터 19일까지 5일 동안 일본 오사카에서 개최된 제22차 MDC에서 월드컵 기념금화가 영예의 대상을 수상해 우리 공

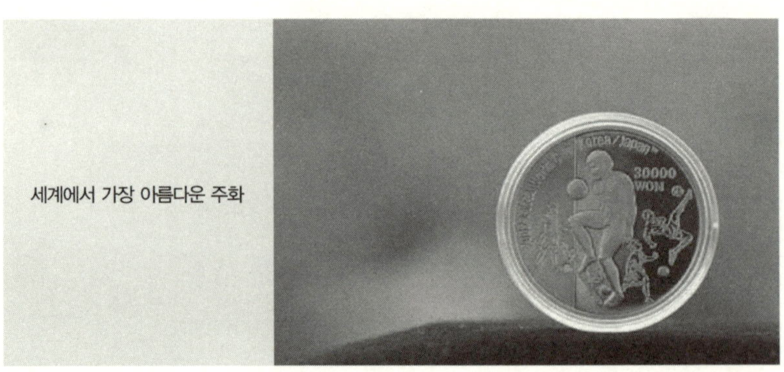

세계에서 가장 아름다운 주화

사의 주화제조 기술이 예술의 경지까지 이르렀음을 확인했다.

이러한 성과와 위상을 바탕으로 2008년 MDC 총회를 유치하기로 마음먹었다. 2008년 총회는 2004년 3월 18일 미국 샌프란시스코에서 열리는 MDC 총회에서 결정되었다.

중국도 2008년 총회를 유치하기 위해 회원국에게 로비 활동을 벌이고 있었다. 이런 상황에서는 회원국의 마음을 움직일 수 있는 획기적인 홍보가 필요했다.

● 초대영상 메시지가 회원국을 움직이다

우리는 진심어린 총회유치 의사를 영상물로 제작해 대표단이 가지고 총회에 참가했다. 총회 유치국을 결정하는 회의에 앞서 유치 의사를 밝힐 수 있는 시간이 주어졌다. 이에 우리 대표단은 미리 제작된 영상

MDC 총회에서 영상 메시지 전달 장면

메시지를 전달했다.

이국적인 문화를 다룬 내용과 확고한 총회유치 의지는 회원국의 마음을 굳히는 효과를 불러일으켰고, 우레와 같은 박수갈채가 터져 나왔다. 이어서 중국의 차례가 되었다. 그러나 중국은 대세가 기울어진 것을 느끼고 유치를 포기하겠다는 선언을 했다. 2008년 제25차 MDC 총회를 우리 공사에서 개최하기로 결정되었다.

정부우표 인쇄책임자회의(GPSPC)

GPSPC는 정부 발행 우표를 제조하는 전세계의 정부나 공공기관 대표들이 상호협력 증진 및 기술정보 교류를 목적으로 하는 국제 회의체로서 1986년 창립되어 2년마다(짝수연도)에 총회를 개최한다. 현재 회원국은 우리나라를 비롯해 22개국이다.

GPSPC는 흔히 우표 올림픽으로 불린다. 왜냐하면 총회일정중 각국에서 출품된 우표에 대해 각 부문별로 최고우표를 선정·수상하는 행사가 포함돼 있기 때문이다. 2002년 7월 30일부터 8월 4일까지 개최된 제9차 총회는 우리 공사에서 개최해 주도적으로 정관을 개정하고 회원국을 확대하는 등 성공적인 행사를 치러냈다.

제10차 총회가 2004년 5월 10일부터 14일까지 동유럽에 위치한 폴란드의 옛 수도 크라코바(Kracow)와 바르샤바(Warsaw)에서 세계 19개국의 우표 인쇄 관계자가 모인 가운데 개최되었다.

그리고 일정에 따라 우표품평회에 출품된 우표가 진열되었다. 우표품평회는 2002년부터 2003년까지 발행된 우표 중 요판우표, 평판[66]우표, 특이우표[67], 그라비어우표[68], 복합우표[69], 연쇄우표[70]로 6개 부문

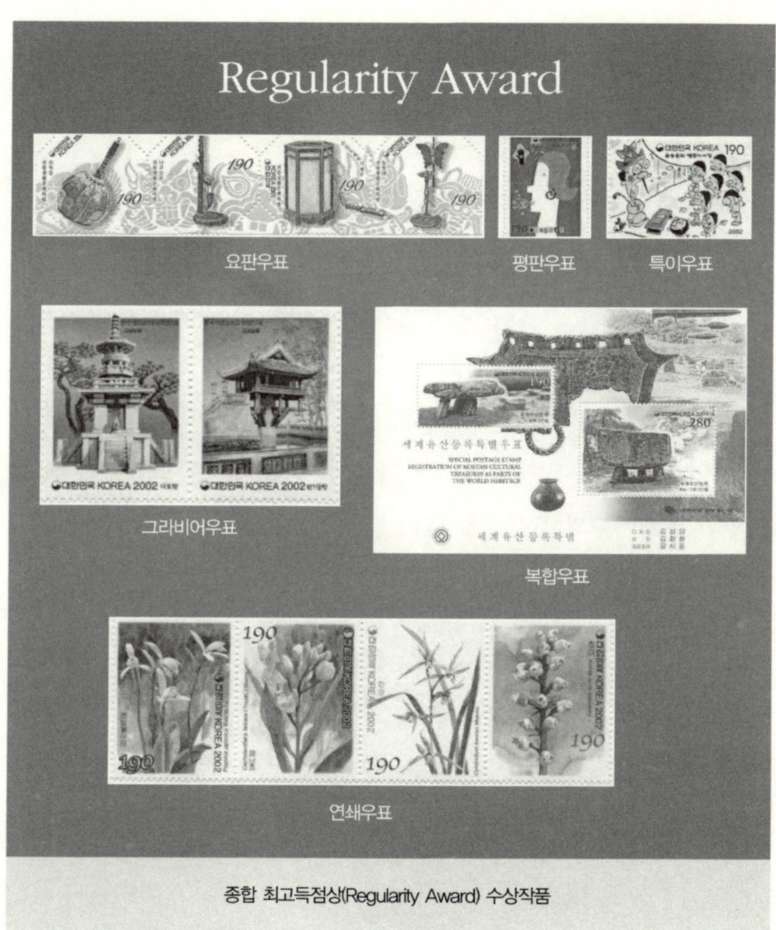

종합 최고득점상(Regularity Award) 수상작품

---

66) 판면에 요철(凹凸)이 없기 때문에 인쇄물에도 고저가 나타나지 않는 인쇄방법
67) 특수한 요소를 가미한 우표, 즉 향기우표, 나만의 우표
68) 현재 일반적으로 발행되는 대부분의 우표 인쇄방법
69) 위·변조 방지를 위해 사용되는 특수 인쇄방식인 요판 인쇄가 결합되어 인쇄된 우표
70) 넓은 그림을 전지에 인쇄해 우표 낱장의 그림이 모두 다르게 인쇄된 우표

출품작을 대상으로 심사가 진행되었다. 각국 대표들은 우리 공사 우표의 디자인 기법, 제판·인쇄 기술의 발전에 대해 많은 관심을 표명했고, 특히 요판우표에 대한 찬사를 아끼지 않았다.

그 결과 지난 9차 총회 우표품평회에서의 평판·복합·특이 부문 등 3개 부문 최우수상 수상에 이어 제10차 총회에서 또다시 우리나라가 출품한 작품이 '종합 최고득점상(Regularity Award)'을 수상하는 쾌거를 이루었다.

'Regularity Award'는 우표 6개 부문에 총 득점이 가장 높은 국가에 주어지는 상이다. 우리나라가 이 상을 연속 수상함으로써 우표 디자인과 인쇄기술의 우수성을 다시 한번 입증함과 동시에 우표제조 기술이 전부문에 걸쳐 고르게 발전해 있음을 국제적으로 인정받는 계기가 되었다.

위조와의 전쟁

조폐의 역사는 곧 위조의 역사(?)

돈(화폐)이 지구상에 처음 등장한 것은 기원전 650년이다. 그리고 화폐 위조는 기원전 540년 무렵부터 발생되었다고 한다. 이를 볼 때 돈을 만드는 조폐기관과 이를 위조하려는 위조범과의 전쟁은 태초부터 시작된 것이나 다름 없다.

위조(僞造)라는 말이 '물건이나 문서 따위의 가짜를 만듦'이고, 변조(變造)는 '이미 만들어진 물체의 형태나 내용을 다르게 고침'으로 되어 있음을 볼 때, '누가 무엇을 만들었다'는 말을 뒤집어 생각하면 처음 만든 사람뿐 아니라, 다른 사람도 충분히 만들 수 있다는 말이 될 수 있다.

즉 우리가 만든 돈도 누군가에게 위조될 가능성이 있다는 사실이다. 더욱이 21세기에 들어 컬러 복사기와 스캐너 등의 성능이 점점 향상되어 이를 이용한 정교한 위조지폐도 크게 증가하는 추세다. 이에 세계 각국은 저마다 지폐의 위조방지를 위한 기술개발에 심혈을 기울이고 있는 실정이다.

위조범과의 쫓고 쫓기는 숨바꼭질

화폐의 위조사례를 살펴보자. 유럽연합의 출범에 따라 2002년부터 발행되어 유럽 12개국의 공식 통화로 사용 중인 유로화의 위조지폐 발견 건수는 발행 첫해에 16만 7,000장 정도였으나, 2003년에는 무려 54만 2,000장으로 1년 사이 3배 이상 급증했다.

유로화는 발행된 지 얼마 안 되었을 뿐만 아니라, 위조범들이 쉽게 모방할 수 없도록 각국에서 개발된 첨단기술들을 모두 적용했다. 그럼에도 불구하고 위조사례가 급증하고 있어 발행 5년 후인 2007년에 새로운 화폐발행을 계획하는 등 조폐 당사자들을 당황케 하고 있다.

즉 조폐기관이 위조를 방지하기 위한 기술개발 노력 못지않게 온갖 수단을 동원해 화폐 위조에 혈안이 되어 있는 상황인 것이다. 최근 들어 위조지폐를 대량생산할 수 있는 인쇄기를 갖춘 전문 위조단에 의한 위조지폐까지 등장함에 따라, 조폐기관과 위조범들과의 관계는 보이지 않는 전쟁을 치르고 있다고 표현할 수 있겠다.

따라서 세계 각 나라는 급증하는 위조에 대응하고자 신기술이 적용된 새로운 화폐를 앞다투어 발행하는 추세다. 이미 미국·스위스·스웨덴·대만·홍콩 등이 새 화폐를 발행했다. 우리나라와 생산체제 및 발행시기 등이 비슷한 일본도 여러 가지 위조방지 장치가 보강된 새 은행권을 2004년 11월에 발행한 바 있다. 또한 통화의 대표 화폐라고 할 수 있는 달러화도 20달러와 50달러 발행에 이어, 곧 100달러를 새롭게 선보일 예정이라고 한다.

우리나라 화폐도 발행한 지 20년이 훨씬 지났기 대문에 위조에 상대적으로 취약한 편이다. 지난 1998년 365장이던 위조지폐 발견 장수는 2002년 3,016장에 이어 2003년에는 3,896장으로 5년 사이 10배 이상 증가했다. 최근 보도에 따르면, 우리나라 은행권의 가치상승에 따라 우리 화폐를 위조하기 위한 외국의 전문 위조단까지 있다고 하니 하루속히 화폐위조에 대한 대책을 수립할 필요가 있다.

우리의 역량을 위조방지 기술 개발에 집결해야

조폐의 역사는 곧 위조의 역사라고 표현한 것처럼, 조폐기관의 핵심사명은 위조되지 않는 화폐의 제조·공급일 것이다. 이러한 핵심사명의 완수는 위조방지 기술로 이룰 수 있다.

우리 공사는 위조방지 기술을 개발하기 위해 기술연구소 내에 '위조방지 센터'를 설립하고 위조를 근본적으로 막을 수 있는 기술개발에 전력투구한다.

위조방지와 관련된 업무를 독립적으로 수행하는 '위조방지 센터'는 경찰청과 금융기관 등 대외기관과도 협의체를 구성하고 위조방지를 실현하고자 긴밀한 협력관계를 유지하고 있다.

이렇듯 우리 공사는 화폐위조를 방지할 수 있는 핵심기술 개발에 공사의 모든 역량을 집결해 나갈 계획이다.

공신력이 왕도다

품질만큼은 우리가 최고

품질경영

품질경영(TQM)은 업무가 이루어지는 모든 곳에서(Total), 고객의 요구나 기대를 충족시키고도 남음이 있도록(Quality) 조직의 역량을 유지·개발하는 것(Management)을 의미한다.

품질에 관한 최고 석학인 조지프 주란(Joseph M. Juran)도 "열려 있는 세기는 품질의 세기다"라고 역설한 바 있다. 이 뜻은 정보화 기술이 발달하고 고객의 요구가 다양해지면서 '고객의 품질만족'은 기업의 생존을 위한 필수조건으로 자리잡았다. 이는 품질이 기업과 국가의 경쟁력을 결정짓는 시대가 열렸다는 의미로써 품질경영의 중요성을 단적으로 일컫는 말이라 하겠다.

품질경영을 이루기 위한 기본원칙에는 세 가지가 있다. 이들 원칙이 유기적으로 지켜질 때, 그 조직의 품질경영은 잘 이루어지고 있다고 할 수 있다.

첫번째 원칙은 처음부터 올바르게 만든다는 것이다. 완벽한 품질의 제품을 만들려면 처음부터 제대로 만들어 불량품이 절대 나오지 않도록 해야 한다는 것이다.

두번째는 잘못된 제품이 고객에게 전달돼서는 안 된다는 것이다.

세번째 원칙은 절대 일어나서는 안 되지만 만약 불량품이 고객에게 전달되었을 때에는 신속하게 조치해야 된다는 것이다. 이들 세 가지 원칙을 염두에 두고 전조직원이 일사불란하게 움직일 때 품질경영의 효과가 발휘된다고 하겠다.

티끌만한 결점이라도 결코 용납되지 않는 화폐의 특성 때문에 품질관리 의식이 비교적 빨리 정착된 우리 공사도 세계 일류 기술기업으로 발돋움하기 위해서는, 품질경영 노력을 게을리하면 안 된다.

이에 따라 우리 공사는 1997년 국제품질보증체제(ISO 9002)를 인증받아 이미 품질경영을 추진해 왔으며, 나아가 '고객서비스헌장'을 제정해 제품이나 서비스의 품질을 정기적으로 조사 및 대응하는 시스템을 구축했다. 이 같은 일련의 노력을 통해 고객만족을 위한 품질혁신을 체계적으로 추진하고 있다.

기업의 생명은 제품의 품질이며, 품질경쟁력은 품질경영에서 나온다고 믿는다. 그래서 나는 기회가 주어질 때마다 제품의 품질은 고객에 대한 믿음과 신뢰의 바탕이며, 우리 공사가 제조·공급하는 제품은 국가경제의 주요 요소인 공공재(公共財)이므로 한 치의 착오나 불량이 없는 무결점 제품을 만들어야 된다고 역설한다.

즉 제품 하나하나에 정성과 혼을 불어 넣음으로써 국민이 신뢰할 수 있고, 고품위의 예술혼(藝術魂)을 느낄 수 있는 제품을 만드는 데 최선을 다해야 한다.

품질경영 시스템(ISO 9001 ; 2000판)

지난 1998년 도입된 품질인증 시스템은 표준화 · 정형화된 관리기준에 공사의 품질관리체계를 짜 맞추도록 요구하는 형식이었다. 이 시스템을 품질경영 차원으로 도입하기엔 전직원의 공감대 형성이 부족하다는 사실을 느낄 수 있었다.

품질경영 시스템으로 전환 작업을 추진하고, 신뢰성분석기법(FMEA[71])과 통계적공정관리(SPC[72])기법을 도입해 제품생산이 시작되는 첫 단계부터 잠재적인 결함요인을 추정하고 공정의 능력상태를 파악하고 있다. 이들 기법을 통해 불량을 일으키는 원인을 사전에 제거하고 최상의 품질이 나오도록 노력을 경주한다.

그리고 품질과 관련된 모든 부서의 27개 업무에 대해 업무체계도를 직원 스스로 작성하도록 맡겨두었다. 직원들에게 담당업무에 대한 품질의식을 갖게 함과 동시에 "왜 이러한 작업을 해야 하는가?"라는 의

---

71) Failure Modes And Effects Analysis
72) Statistical Process Control

아심을 갖도록 하여 공감대 형성을 통한 품질경영 기반을 확고히 다지고자 했다.

또한 어렵게 형성된 공감대가 지속적으로 이어질 수 있도록 공사의 인트라넷에 품질관리 전용란을 설치하고 직원들이 언제든지 쉽게 접근할 수 있도록 조치해 살아 있는 품질관리가 이루어지도록 했다. 명실공히 On/Off-line으로 전방위적 품질경영 시스템이 자리잡은 것이다.

나름대로 품질경영을 위한 시스템이 구축되자 이제부터는 시스템을 활용해야 할 직원들에게 품질경영의 마인드를 심어주는 것이 급선무였다. 조직 내 구석구석에서 품질을 중시하는 풍토 조성과 직원 하나하나의 업무가 곧 품질로 이어진다는 품질의식 속에서 업무가 수행되도록 지도하는 문제는 매우 중요하다.

따라서 직원의 능력 수준을 높이기 위한 수단으로 교육을 실시하고 생산현장에서 자율적으로 이루어지는 품질분임조 활동에 대한 성과보상을 크게 높여주었다. 아울러 품질관리에 따른 실적 평가를 강화해 품질에 대한 관심을 갖도록 했다.

전국품질분임조 경진대회 2년 연속 대통령상 수상

제품의 품질은 누가 뭐라 해도 현장 작업자의 마음과 손끝에서 만들어진다. 특히 작업자들이 자발적으로 모여 실천하는 품질분임조 활동은 회사에 직접적인 이익을 가져다 줄 뿐 아니라, 개인의 능력향상에도 도움을 주는 모임이다.

따라서 나는 2002년에 분임조 전사발표대회를 부활시켰다. 분임조 활동에 대한 지원방안을 확대하고, 성과에 따른 실적보상을 증액하는 한편, 내부 발표대회는 물론 외부 대회(지역대회, 전국대회)에서 입상할 경우 특전을 크게 확대해 자주적 개선활동에 적극적으로 참여할 수 있도록 품질분임조 운영규정을 대대적으로 보완했다.

또한 분기마다 품질경영에 기여한 직원을 선정해 우수 품질인으로 선발·포상함으로써 품질 마인드의 확산을 적극 권장했다. 그리고 품질경영 활동에 헌신하고 품질 및 생산성향상에 기여한 자를 선정해 그 기여도를 격려하는 조폐품질명장제도를 제정했다.

조폐품질명장제도에 따라 선발된 품질명장은 분임조 및 제안활동의 강사로 활용하고 정부의 품질명장으로도 추천하는 등 아낌없는 지원을 했다. 이들은 개인의 발전은 물론 공사의 품질 마인드 확산에도 크게 기여하고 있다.

품질분임조 활동에 대한 추진 효과는 뚜렷하게 나타났다. 국민이 신뢰하는 무결점 제품공급을 경영목표로 설정했고, 그 결과 제품 손율 및 수율실적이 전년보다 크게 개선되었다. 무엇보다 우리 공사의 품질경영 시스템과 직원들의 실천의지를 대외적으로 평가받는 전국품질분임조 경진대회에서 2003년 대통령상(금상)에 이어 2004년에도 참가한 2팀이 대통령상을 수상했다. 우리의 품질경영 시스템이 정상궤도에 진입했음을 보여준 쾌거가 아닐 수 없다.

이제는 '한국품질대상'이다

품질분임조 경진대회에서의 2년 연속 대통령상 수상은 우리 공사의 분임조 수준을 단적으로 입증하는 사례다. 품질분임조 활동은 회사가 주도적으로 추진하는 활동이라기보다는 현장직원이 자발적으로 개선 활동을 전개하는 것이다. 그래서 품질분임조 활동이 한 기업의 품질관리 수준을 가늠하는 절대적인 척도가 될 수는 없는 것이다.

그렇다면 우리 공사의 종합적인 품질관리 수준은 어떠한가? 타 업체와 비교해 객관적으로 평가하는 시스템의 도입이 필요하지 않을까? 여러 가지 방안에 대한 타당성을 검토한 결과, 국가에서 주관해 시행하는 '한국품질대상'에 도전하기로 가닥을 잡았다. 한국품질대상은 정부가 품질경영활동에 성과가 높은 기업이나 개인에게 주는 상 중에서 최상위의 것이다. 품질경영활동을 3년 간 지속적·효율적으로 추진해 최상의 품질경영체제를 확립함으로써, 기업의 체질 강화와 고객만족은 물론 사회적 책임에 앞장선 우수기업에게 주는 상이다. 이 상만 획득한다면 명실공히 자타가 공인하는 품질관리 우수업체가 될 것이라 믿는다.

우리는 단계적으로 준비하기로 하고 첫번째 목표는 '품질경쟁력 우수기업'으로 인증받는 것이며, 두번째로 '품질경영대상'을 획득한 다음 최종 목표인 '한국품질대상'에 도전하기로 방침을 정했다.

품질경쟁력 우수기업으로 인증받기 위해 2004년도에 품질경쟁력 평가지표의 모형을 기준으로 운용하고 있다.

이 평가지표는 우리 스스로 경쟁력 수준을 평가할 수 있도록 개발되었다. 다양한 평가항목에 기초한 분석결과를 토대로, 개선사항을 보완함으로써 품질경쟁력을 높여나가는 데 매우 유익한 이정표로 활용될 것이다.

아무리 강조해도 지나침이 없는 보안관리

한국조폐공사의 보안관리(保安管理) 목표는 보안사고 '제로(Zero)' 다. 어떠한 일이 있어도 이 목표를 달성해야 하고, 실제로 보안사고 '제로'는 유지되고 있다. 우리 공사의 공신력은 보안에서 나온다 해도 과언이 아닐 정도로 보안은 중요하다.

그 만큼 철저히 관리하기 때문이다. 보안 관리의 범주는 크게 각종 보안제품을 생산할 수 있는 인원관리 및 시설 유지, 한 장의 오차도 허용하지 않는 공정별 수량관리, 제품을 수요처까지 안전하게 공급하는 현송보안, 그리고 제품생산 과정에서 발생하는 불량품(손품) 관리 등으로 구분할 수 있다.

우리 공사는 국가보안목표(國家保安目標) '가' 급 기관이다. 국가보안목표는 국가적으로 중요한 시설을 국가 차원에서 보호하고 방어한다는 의미이고, '가' 급은 그 중에도 최고로 중요한 시설을 뜻한다. 조폐기관이 국가에 미치는 영향이 크다는 사실을 단적으로 말해 주는 것

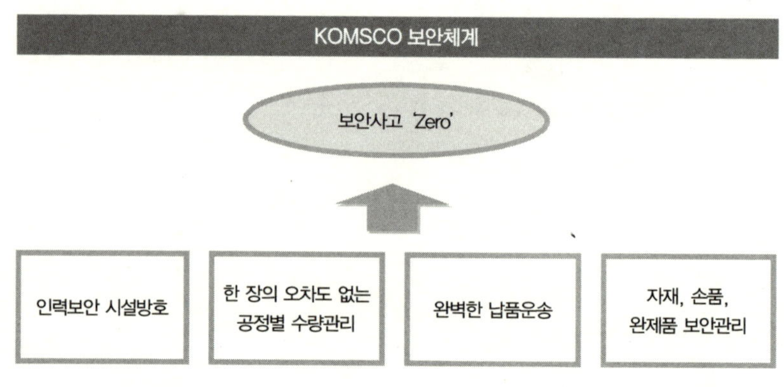

이다.

비상시에는 군(軍)과 자체 방호인력으로 합동임무를 수행하고, 평상시에는 시설방호를 위해 자체 방호인력을 보유하고 있다. 현재는 인력 절감을 통한 경영개선 노력의 일환으로 인력에 기초한 방호에서 과학화 방호장비를 이용한 방호로 전환해 완벽한 시설방호를 하고 있다.

입사에서 퇴직 후까지

인원에 대한 보안은 크게 세 가지 측면에서 관리한다. 첫째 주어진 사명 수행에 필요한 우수한 인력확보. 둘째 확보된 인력에 의거한 제품 관련 사고 방지. 셋째 퇴직직원에 의한 조폐기술 유출 또는 악용 방지다. 이러한 차원에서 신규 인력채용시에는 철저한 신원조회 절차를 거친다. 심지어 일시적인 사업량 증가에 따른 임시직 채용에도 신원조회는 필수다.

제품생산과 관련해 한국조폐공사법 조항의 22개 중 5개가 벌칙조항으로 구성돼 있을 만큼 제품의 강취(强取)·훼손(毁損)·파기(破棄)·분실(紛失) 등에 대해 엄격한 제재를 가하고 있다. 과실 여부를 불문하고 생산과정에서 제품을 분실할 경우에는 형사상의 책임을 져야 한다. 심지어 지시된 규격과 모양에서 조금만 다르게 제조하더라도 형사상 책임을 져야 할 정도다.

화폐제조 기술을 가진 직원은 재직 중에는 물론 퇴직 후에도 관리 대상이 된다. 화폐나 유가증권 제조기술의 유출·위조·변조 등의 사고를 미연에 방지하기 위한 조치다.

출근에서 퇴근까지

직원은 출근에서부터 퇴근까지 세세한 검색과 출입통제를 감수해야
한다. 정문 통과 후 CCTV가 설치된 환복장에서 청원경찰 입회 하에
작업복으로 환복한 후 작업장에 출입한다. 퇴근시에도 출근 때의 역순
으로 환복한 후 퇴근해야 한다. 비록 직원이라 하더라도 다른 작업장
출입은 엄격히 통제되고, 출입시 출입통제 시스템에 따라서 출입시간
까지 기록해 관리한다. 제품 및 재공품 창고는 이중 출입문을 사용하
고 정부(正副) 책임자 2인이 각각 출입문 열쇠를 관리한다. 출입시에는
2인 이상이 동시에 출입해야 한다.

생산작업장에는 CCTV를 설치해서 혹시 발생할지도 모를 보안사고
(保安事故)를 사전에 방지한다. CCTV 도입기에는 직원들의 반발도 많
았다. 인권침해의 소지가 있다는 주장이었다.

그러나 보안장비 설치는 결과적으로 공사의 공신력을 높이고, 오히
려 직원들의 행동을 자유롭게 할 수 있다고 직원들을 설득함으로써 이
해를 구했다. 감시당할지도 모른다는 직원들의 불편한 심기를 이해하
지 못하는 바 아니지만, 국민과 고객에게 믿음을 주기 위해서는 어쩔
수 없는 조치다. 이 길이 우리 공사의 존재이유고 살아남기 위한 방편
인 것이다.

제품보안

여러 가지 보안목표 중 제품생산과 관련된 보안이 핵심이다. 한 장의
오차도 허용하지 않는 공정별 수량관리, 직원에 의한 제품의 절취(竊
取) 방지, 화재나 재해로부터의 예방 등으로 나누어 관리한다.

제품보안은 제조공정별 이동시 한 장의 오차도 허용하지 않는 정확한 계수에서 출발한다. 계수과정에서 단 한 장의 오차라도 발생하면 확인이 끝날 때까지 전직원의 퇴근을 금지시킨다.

생산 공정 간에 인수인계할 때에는 인계부서 직원과 인수부서 직원이 함께 수량을 확인한다. 확인 결과 이상이 없어야 인계인수 작업이 완료된다.

재공품 작업 후 다음 공정으로 인계하기 전 창고에 보관할 경우에도 확인절차를 거친다. 즉 창고 입고 전에 수량 확인을 한 후 이상이 없어야 봉인을 하고, 제품절취 방지를 위해 보호장치를 한 후 창고에 입고시킨다. 또한 작업 중인 제품에 대해서도 항상 제품절취 방지를 위한 보호장치를 마련해 운영한다.

현송보안

제품을 수요처에 배송하는 현송(現送)보안도 철저하게 개선했다. 가끔씩 우리는 은행의 현금수송 차량에 싣고 가던 현금이 이를 노린 강도에게 몇 억씩 털렸다는 뉴스를 듣곤 한다. 2000년대 들어 증가세에 있는 범죄의 유형이다. 만약 조폐공사의 현송차량이 보안에 문제가 생긴다면 경제적·사회적으로 큰 파문이 생길 수밖에 없다.

이러한 까닭에 나는 화폐수송의 보안강화에 많은 개선을 도모했다. 대 테러에 대비한 실전 모의훈련을 인근 군부대와 경찰의 협조를 얻어 매년 정례화함으로써 실제 상황에서의 대응능력을 높였고, 현송차 디자인도 일반 차량의 디자인과 비슷하게 바꾸어 현금수송차로 노출되지 않도록 했다.

또한 현송차 위치추적 시스템(GPS[73])을 도입해 현송차의 위치와 상황을 실시간 확인할 수 있다. 그리고 우리의 제품을 고객이 원하는 장소까지 완벽하게 제공할 수 있게 되었다.

자재, 협력업체 및 손품 보안

우리는 경영혁신의 일환으로 제품 중 일부 공정에 대해 외주가공(外注加工)하고 있다. 협력업체의 관리부실 시에는 사회적 혼란을 초래하므로 공사의 작업장에 준하는 보안관리를 유지한다.

제품제조 과정에서 발생되는 손품(불량품) 처리는 다음과 같다. 금속류는 녹여서 재활용하고, 인쇄과정에서 발생한 손품은 전량 소각(燒却)함으로써 한 장의 불량품도 유출되지 않도록 한다. 2004년에 소각된 용지는 은행권 36톤, 우표류 17톤, 여권류 29톤, 기타 손품 28톤 등 총 110톤에 이른다.

보안을 강화하며 경영효율화 도모

보안관련 비용은 가격경쟁력 확보에 장애요인으로 작용한다. 따라서 나는 보안을 강화하면서 경영효율화를 도모할 수 있는 방향으로 경영방침을 바꿨다. 우선 제품 수량관리에 필요한 계수공정을 신형 계수시설로 대체 · 확충하기 위해 16대의 계수기를 새로 도입했다. 그리고 인

---

73) Global Positioning System : 위성 위치 확인 시스템

력에 의존하던 증지·우표류 계수작업을 기계화했다.

이와 동시에 작업의 효율성 증대 및 계수관리의 정확성을 높이고자 작업공정 기계화에 더욱 박차를 가했다. 이와 관련한 대표적인 사례로 전지검사기(노타체크Ⅱ) 도입을 들 수 있다. 현재 100명의 여직원이 수행하던 검사작업을 전지검사기 1대가 대신하고 있다.

생산성 향상과 원가절감

제조원가의 구조적 문제

우리 공사의 사명은 '보안'을 바탕으로 한 '공익성' 유지에 있다. 그러나 공익성을 유지하면서 수익성을 추구해야 하는 경영환경으로 변하고 있다. 공익성과 수익성은 동전의 양면처럼 상반된 성질을 지닌다.

제품을 제조·판매하는 업체는 제품 제조원가가 경쟁력 확보에 우선시되는 항목이다. 즉 제품 제조원가를 경쟁기업보다 낮춰야만 되는 것이다. 동일한 조건에서는 생산성향상 노력이 성패를 좌우하지만 조건이 같지 않을 경우에는 그렇지 않다.

우리에게는 공익성 유지라는 기본사명이 오히려 가격경쟁력을 저해하는 큰 원인이 되고 있다. 이러한 원가구조를 고객에게 이해시키

총원가 대비 점유율			(금액 : 억 원)
구분	총원가	보안비용	점유율(%)
시설보안	1,240	55	4.4
현송보안	–	29	2.4
제품보안	–	184	14.8
기타보안	–	15	1.2
합 계	1,240	283	22.8

※총원가는 재료비가 제외된 금액임

고, 완벽한 보안체계를 갖추어 고객이 안심하고 제품제조를 맡길 수 있도록 해야 하며 우리 자신도 원가구조 개선에 온 힘을 쏟아야 할 것이다

보안관련 비용은 시설보안, 제조한 제품을 수요처에 안전하게 공급하는 현송보안, 완벽한 제품제조를 위한 제품보안, 기타 보안으로 나뉜다. 시설보안은 경비인력과 CCTV 등 과학화경비 시스템에 관련된 제비용 55억 원으로 총원가 점유율 4.4%, 현송보안은 호송원 등 인건비와 현송차량과 관련된 제경비 29억 원으로 2.4%, 제품보안은 공정별 맞셈 등 인계인수 인원과 제품 검사인원에 관련된 제비용 184억 원으로 14.8%, 기타 보안비용은 15억 원으로 1.2%를 차지하고 있다. 이들 비용을 모두 취합하면 2003년도 재료비를 제외한 총원가의 22.8%인 283억 원에 이른다.

생산성은 올리고, 원가는 낮춰라

이러한 고원가 구조개선과 더불어 생산성향상으로 원가절감을 계속

추진 중이다.

조폐창에는 조폐창장을 위원장으로 하는 생산관리위원회에서 생산성향상, 공정개선 및 작업기준 설정에 관해 자율적으로 개선하며 직원들의 품질분임조 활동을 통해서 생산성향상을 위해 노력하고 있다.

생산성향상을 책임 있게 추진하기 위해 부서별로 생산성향상 목표를 부여하고, 그 결과를 내부평가·성과연봉·인사고과제도 등과 연계해 추진한다. 또한 생산성향상 노력을 추진할 만한 동기를 부여하고자 경영성과 우수실적에 대해서는 분기별로 포상을 실시한다.

공급체인관리(SCM[74])에 의한 생산성향상 및 원가절감

종합적인 생산성향상 및 원가절감은 SCM에 따라 추진된다. 가치창출 활동 분석에 따라 공사의 가치사슬을 파악해 여러 가지 활동 사이에 연결관계를 점검하고, 추가적인 원가절감의 여지가 있는 활동 부문을 도출해 개선하는 것이다.

공사의 가치사슬의 효율성 기준					
Value-Chain	구매	생산	물류	마케팅	A/S
효율성 기 준	구매방식의 효율성	생산기술 및 공정의 최적의 생산성	물류비용을 절감	마케팅 및 영업 활동의 비용	사후서비스 체널효율성

---

74) Supply Chain Management : 공급 체인 관리

효율적인 원자재 구매에 의한 원가절감

ERP 자재수급계획은 표준정보를 이용하므로 실제와 차이가 발생하게 마련이다. 따라서 자재투입 실적을 기초로 한 현실적인 시스템 개발을 통해 계획수립에 소요되는 인력을 절감했다.

사업계획이 확정되면 생산 실적과 자재수불 실적을 통해 구매예산을 편성하므로 정확한 수급계획으로 경영효율이 증대된다. 게다가 자재수급 시뮬레이션으로 사업량 변동시 신속한 예산판단이 가능하도록 했다.

전자조달(EDI[75] · G2B[76])을 통한 구매 효율성 제고로 조달청 EDI(G2B) 우선구매, 차선책으로 3,000만 원 이하는 B2B 조달로 조달업무의 투명성을 높이고, 4억 5,000만 원의 예산을 절감할 수 있었다.

협력업체 품질관리 강화 및 원자재 구입선 다변화로 외주가공업체에 대한 지속적인 품질관리 및 기술지도, 커트팩[77] 롤띠지 공급가능 업체에 기술지도로 대폭적인 단가인하(4만 4,500원 → 2만 7,500원) 및 공급선을 확보했으며 면펄프 등 4종에 대해 총 6개 공급선을 확보했다.

---

75) Electric Data Interface : 기업 간 거래에 관한 데이터와 문서를 표준화해 컴퓨터 통신망으로 거래 당사자가 직접 전송 · 수신하는 정보전달 시스템
76) Government to Business : 정부가 민간 기업들을 대상으로 하는 전자상거래 사업
77) Cut & Pack : 전지상태의 인쇄물을 낱장 상태로 자르고 포장하는 자동화 기계

구 분		목표(%)	실적(%)	달성도(%)	절감(만원)
손율	만원권	1,449	1,449	100	7,651
	주 화	0.051	0.051	100	196
수율	만원권 용지	85.12	85.14	100	4,212

효율적인 '생산 시스템(기술 및 공정)'에 의한 원가절감

제품생산 과정에서 발생되는 손수율 관리를 효율적인 '생산 시스템'을 적용해서 완벽한 제품생산과 원가절감을 추진한다. 2004년 기준 손수율이 경영에 기여한 금액은 1억 2,000만 원에 이른다.

또한 시설자동화로 추진한 공정개선은 다음과 같다. 레이저 천공기 도입으로 여권제조공정 개선(능력 2배, 가동인원 1명 감소), 전지계수기 8대 증설 등 계수 및 적지작업 기계화(33% 향상), 주화자동포장기 2대 증설로 병목공정 개선(15% 향상), 그라비어 잉크 제조시설 도입 등의 개선이다.

생산현장의 자율적인 개선활동은 만원권 부분노출은선 투입설비 및 관리방법 개선(47% 향상, 1억 9,200만 원), 여권인쇄기 시설개선(25% 향상), 커트팩 띠지기 거치대 제작설치(50% 향상), 잉크 교반 작업개선(36% 향상), 훈장변색방지를 위한 도금작업 개선(품질향상, 8,300만 원), 주화 압인장치 블록구조 개선 및 자체제작(4,900만 원)이다.

효율적 '물류 시스템'에 의한 원가절감

종전 적재적량 5톤에서 10톤으로 차종을 바꿔 확대한 현송차를 3대 도입·운영함으로써 연간 2억 1,000만 원의 원가절감을 실현했다. 또한 운송효율 향상 및 인력절감, 공급기일 준수 등의 효과를 제고시켰다.

그리고 시설현대화 계획에 따라 미래지향적인 자동창고 구축을 추진함으로써 작업편의 및 인력절감을 도모할 수 있었다.

효율적 '마케팅 및 영업'에 의한 원가절감

공사 쇼핑몰의 웹디자인을 변경하고 편리성 및 시스템 안정성을 업그레이드함으로써 판매촉진에 기여했다. 그 결과 전시품목을 43종에서 170종으로 확대할 수 있었고, 매출액 증가를 가져왔다.

대한민국우표전시회(코엑스), 대덕연구단지 30주년 전시회(국립중앙과학관), 연말 특별판촉(서울 인사동)전시회 등의 기회를 활용해 다양한 마케팅 활동을 벌였다. 특히 '신비로운 전설과 예술 메달의 만남 전' 등을 개최했는데, 이동 판매촉진 행사를 실시함으로써 마케팅 비용절감에 기여했다.

효율적 '사후 서비스'에 의한 원가절감

고객이 많은 서울 강남에 '고객지원 센터'를 설치함으로써 거리와 소요시간을 단축시켰다. 이에 따라 신속한 고객지원은 물론, 활발한 방문상담도 가능했다.

또한 '위조방지 센터'를 설치해 은행권 및 유가증권 진위감정을 실시했다.

　제품별 고객방문을 통한 의견수렴 및 불만사항을 발굴·개선한 사항은 이렇다. 수표류는 번호를 역순으로 포장해 금고 안까지 적재해 주는 배송체계를 구축했고, 여권류는 신원정보지 이탈 등 제품불량을 개선했으며, 고객 건의에 따라 '위변조방지 요소와 진위식별'이란 책자를 제작·배부했다.

e-매뉴팩처링을 통한 생산 시스템 혁신

현재 전세계 경제는 전례 없는 급격한 변화와 그 영향이 날로 확대되어 가고 있다. 이 변화의 주인공은 한 마디로 '가격파괴'의 물결이다. 기존의 상식으로는 다룰 수 없는 '가격파괴'의 파고는 업종과 기업 규모를 불문하고 기업의 경영환경을 빠르게 변화시키고 있다.

　이와 같은 경영환경은 기업으로 하여금 가격을 떨어뜨릴 수 있는 모든 수단을 동원하도록 부추겼다. 특히 제조업 분야 중 하드웨어적 요소에서의 원가절감이 한계에 이르자, 생산 시스템의 혁신으로 가격 경쟁력을 확보하고자 e-매뉴팩처링[78] 시스템 구축에 박차를 가하고 있는 추세다.

　우리 공사도 정보기술의 발달에 따라 관련 정보 시스템을 신속하게

---

78) e-manufacturing : 사무실에 앉아 생산 라인의 작업현황을 모니터링하고 통제할 수 있는 수준

받아들여 타 투자기관보다 빠르게 시스템을 구축해 왔다. 그러나 수
년 동안 추진한 정보화 구축이 종합적으로 계획되지 않고 부분적으로
도입되어 목적하는 만큼의 효과를 거두지 못하는 형편이었다. 이런
실정을 감안해 생산분야에서 체계적으로 추진한 것이 e-매뉴팩처링
이다.

e-매뉴팩처링은 기존 전통산업에서의 제품개발, 제조 프로세스, 자
원관리, 물류 및 부품조달, 고객관리 등 모든 영역에서 인터넷 및 정보
기술을 최대한 활용해 혁신·통합한 것이다. e-매뉴팩처링은 기술개
발 기간을 단축하고, 제조원가를 절감하며, 제품 품질을 향상시키는
시스템이다. 즉 제조업의 e-business며, 가격파괴라는 파고에 대항할
수 있는 유일한 대안으로 볼 수 있다.

기술, 품질, 그리고 가격에서 선진기업과의 경쟁을 피할 수 없고,
인력의 탄력적 운용이 곤란하며, 토요 휴무제 등으로 생산 효율화가
절대적으로 필요한 우리로서는 e-매뉴팩처링이야말로 앞으로 추구해
야 할 미래의 생산혁신 수단이 되어야 할 것이다.

제품 자동검사 시스템

공신력은 우리가 공급하는 제품이 고객이 원하는 모든 것을 완벽하게
충족시켜야 얻을 수 있다. 공사의 품질방침이 '무결점 제품 공급'이라
는 것도 이 점을 증명한다.

그럼 무결점 제품을 만들기 위해 현장에서는 어떻게 생산하고 있는
가? 품질경영 시스템에 따라 원료에서부터 우수한 자재만을 사용하고
생산과정에서는 철저한 품질관리로 불량제품을 최소화시킨다.

그러나 아무리 완벽하게 관리를 하더라도 불량품은 발생하게 마련이다. 발생된 불량품이 고객에게 전달되지 않도록 하기 위해서는 검사작업이 완벽해야 한다.

1990년대만 해도 현장 직원의 30% 정도가 검사에 종사하는 여직원이었다. 여직원 대부분이 검사하는 직원이었던 것이다. 한 장의 돈이 만들어지는 생산공정만 해도 20개 정도가 되는데, 공정에서 공정으로 옮겨질 때마다 꼭 해야되는 작업은, '몇 장인가?', '품질에 문제가 없는가?'를 확인하는 일이다. 만약 한 장이라도 없어지면 찾을 때까지 퇴근도 못할 정도로 수량 자체가 생명이나 마찬가지이기 때문이다.

이걸 두고 조폐공사를 세고 또 세는 공사라고 했나 보다.

하지만 언제까지나 사람에 의존할 수는 없었다. 즉 경영환경 변화에도 신속히 대응할 여건을 마련하고, 수출 시장에서 가격경쟁을 통한 적극적인 사업량 확보를 위해서는 인건비절감과 생산성향상을 위한 설비자동화가 절실했다.

물론 모든 검사작업을 자동화하는 것은 아니다. 제품 종류와 생산량을 감안한 경제성의 원칙 아래 자동화 1차 대상과 2차 대상을 선정했다. 1차 대상은 인력이 가장 많이 소요되는 인쇄부서의 검사작업이었다. 2차 대상은 완공작업이라 불리는, 간추리고 포장하는 제지부서의 마지막 생산공정이다.

1차 대상으로 선정된 검사작업은 앞에서 언급했듯이 은행권 한장 한장을 모두 검사하는 전수검사(全數檢査) 작업이었다. 당연히 인력이 제일 많이 필요하고 대부분 여직원이 담당했다. 자동화가 가장 시급한 부분이었다.

결국 인력으로 하던 화폐의 검사작업은 노타체크라는 자동검사장
치로 대체되었고, 지금은 이 기계 1대가 100명분의 작업을 수행한다

검사 자동화에 이어 2차 대상인 완공작업의 자동화 추진은 비교적
쉽게 진행되었다. 1차로 추진했던 검사작업의 자동화과정에서 얻은
경험이 많은 도움이 되었다.

나는 검사 및 완공작업의 자동화 성공을 직원들의 적극적인 참여와
노력으로 공을 돌리고 경영성과 측정시 해당부서를 우수부서로 선정
하고 포상해 노력에 대한 대가를 치하했다. 이를 계기로 노사 간 신뢰
관계가 더욱 향상되어, 이후 진행된 여권공정 기계화와 용지 포장작업
자동화에서는 직원들이 발벗고 나서 문제점을 해결·개선하는 관계로
까지 발전하게 되었다.

자동창고 물류 시스템

나는 여기에 만족하지 않고 인쇄시설 현대화 사업으로 신축 중인 물류
창고를 '자동창고 물류 시스템'으로 자동화해 2005년 상반기 완공 목
표로 건립 중에 있다. 현재의 창고는 1975년과 1998년 만들어진 것으
로 전동차에 의해 수동 운반되고 적재되는 원시적인 창고다. 따라서
효율적인 제품관리를 위해서는 물류자동화 시스템이 필요했다.

사실 물류자동화라는 개념은 우리 입장에서는 매우 생소한 편이다.
그 동안 경영의 최우선 과제는 화폐위조를 방지하는 기술 개발과 고
객이 원하는 제품을 원하는 시간에 공급하는 것으로만 여겼었다. 특
히 제품을 보관하는 창고분야는 보안관리에만 노력했을 뿐, 효율적인
보관이나 배송은 옛날 방식으로 해왔던 자동화의 사각지대(死角地帶)

였다.

그러나 금융 매개체의 다양화·고도화는 공사제품의 다품종 소량화로 이어지고, 이는 곧 제품관리 방법의 수준에 따라 제품원가와 품질에 영향을 미쳐 결국에는 가격경쟁력이 하락하는 결정적인 요인으로 작용한다.

이러한 필요에 따라 인쇄시설 현대화 사업과 병행해 '자동창고 물류 시스템'을 구축하기로 했다. 이 시스템이 구축되면 각 공정별 작업일자·작업시간·작업자·손지수량·완지수량 및 재공품 등의 생산관리에 필요한 정보가 전산처리되고, 로봇 시스템에 의해 자동으로 적재됨으로써 물류비용이 크게 절감될 것으로 기대한다.

아울러 작업기계별로 고유번호를 부여해 제품 포장상자에 바코드를 표시하고, 이를 활용해 물류이동 정보를 한눈에 확인·관리하는 기능을 갖추는 등 새로운 은행권 생산시설에 부합하는 자동화된 보관 시스템을 구축해야 한다. 그렇게 되면 각 작업장으로의 용지·재공품 공급이 원활히 이루어질 것이고, 화폐는 물론 수표·채권 등도 제품별·액면가별·수요처별로 보관, 출하됨으로써 작업능률 향상에 많은 도움이 될 것이다.

외부기술을 도외시하고 현실에 안주한다면 세계 일류의 기업으로 도약할 수 없다. 끊임없는 혁신과 선진 경영기술을 흡수해 우리 KOMSCO의 위상을 더 높이 올려야 한다. 그것이 바로 우리의 의무이자 책임이기 때문이다.

공정별 바코드 시스템

한 장의 지폐가 만들어지려면 공정별 재공품이 이동할 때마다 수량을 세어서 주고받는다. 단순하게 생각하면 매우 원시적이고 비효율적으로 작업한다고 생각할 수 있지만, 조폐사업의 특성상 한 장의 착오도 용납되어서는 안 되기 때문에 어쩔 수 없다.

인력에 의존한 인계인수 방식을 획기적으로 개선할 수 있는 방법이 바코드 시스템을 활용한 수량관리다. 이 시스템은 인쇄 과정의 공정에서 공정으로 인쇄물이 옮겨질 때마다 수량을 세는 현재의 계수(計數) 방식을 바코드 시스템으로 자동화해 인력절감은 물론, 인쇄물의 생산 흐름을 추적할 수 있도록 한다.

작업공정을 감안해 우선 계수공정을 자동화하는 방향으로 바코드 시스템을 개발하기로 하고, 2004년 자체 경영혁신 과제로 선정해 개선반을 구성 · 추진하고 있다. 자체적으로 개발 중인 바코드 시스템이 현장에 적용될 경우, 은행권 계수작업을 바코드 시스템으로 처리하는 세계 최초의 조폐기업이 될 것이다. 아울러 작업공정 단축과 인건비가 절감되어 가격경쟁력 또한 높아질 것이다. 결과적으로 경영개선에 크게 기여할 것으로 판단된다.

우리는 끊임없는 기술개발과 공정개선으로 고객과의 약속인 공신력과 보안성 강화를 이루기 위해 지속적으로 노력하고 있다.

생산시설 현대화

은행권시설 현대화

우리 공사의 주요 생산시설 대부분은 1990년대 이전에 도입한 구식 기계로서 24시간 쉬지 않고 가동한 관계로 시설이 낡아 있는 실정이었다. 따라서 급속도로 지능화되어 가는 화폐의 위조·변조에 대응하기엔 역부족이었다.

위조나 변조에 이용되는 컬러 복사기나 디지털 출력기는 날로 기능이 업그레이드된 신제품이 쏟아져 나오는데 우리는 낡은 구식 기계로 대응하고 있었다.

설상가상으로 화폐를 제조하는 생산시설 1개 라인만 보유하고 있어서 생산공정 중 한 기계라도 고장이 나면 화폐제조를 중단하고 수리될 때까지 무작정 기다려야 하는 형편이었다. 공사의 생산체제 또한 외국 조폐기관과는 달리 24시간 연속 작업형태(3개 조가 교대로 12시간씩 근무하는 형태)라서 보유하고 있는 1개 라인조차 쉴 여유가 없었다.

선진 조폐기관에서는 고장 등 만약의 사태에서도 작업을 계속할 수 있도록 2개 라인 이상의 여유 시설을 갖추고 있다는 사실을 감안하면 모험에 가까울 정도로 위험천만했다.

생산현장의 작업환경 또한 화폐제조시설이라고 하기에는 너무 열악하다. 1998년 옥천조폐창을 경산조폐창으로 통합·이전하면서 별도의 작업장 증축 없이 인쇄시설을 옮겨 설치한 관계로 효율적인 기계 배치를 할 수 없었다.

그 결과 작업동선은 길고 공간도 협소해 생산과정에 있는 제품 관리가 어려웠으며, 공장시설도 지은 지 30년이 넘어 지하 작업장의 근무환경은 매우 열악했다.

인쇄시설 현대화와 작업환경 개선이 시급하고도 절실했다. 고품위와 보안성이 강화된 화폐의 제조능력을 갖추고, 또한 생산시설의 돌발적인 고장 등 만약의 사태에 대비해서라도 기능과 생산성이 우수한 새로운 첨단 인쇄설비의 도입은 절대적으로 필요한 상황이었다.

그렇지만 시설의 현대화가 필요하다고 해서 간단하게 추진할 수 있는 만만한 계획은 아니었다. 어림잡아본 소요자금이 1,000억 원대를 넘었다. 우리 공사의 연간 매출액이 2,000억 원 정도임을 감안한다면 창립 이래 가장 큰 단위사업이었다.

따라서 사업의 중요성을 인식하고 현재의 시설과 앞으로의 사업환경을 예측해 도입할 시설규모를 판단하고, 첨단 위조방지기술을 적용할 수 있도록 많은 고민을 했다. 가장 효율적으로 배치되도록 철저한 검토와 분석으로 인쇄시설 현대화계획을 수립했다.

이렇게 해서 우리 공사를 '세계 일류 조폐기술 기업'으로 새롭게 변신시켜 줄 인쇄시설 현대화 사업이 시작되었다.

새롭게 도입되는 최첨단의 인쇄시설은 기존의 기계보다 성능이 발전된 평판인쇄기 1대, 요판인쇄기 2대다. 광가변 잉크 인쇄용 실크스크린 인쇄기 2대와 첨단 요소기술로 각광받는 광가변물질(OVD[79]) 부착용 OVD부착기 2대는 처음으로 도입되는 기계로 우리 공사 제품의 위조방지 효과를 더욱 높일 것이다.

자동포장기 1대는 기존 노후시설을 대체하고, 높은 생산성으로 화폐의 수요 공급을 원활히 수행할 것이다. 부대시설로 도입되는 용액 제조·회수시설 1대는 인쇄과정에서 사용된 후 폐기되는 불식액을 재처리해 거의 100% 재활용시킴으로써 환경친화적인 측면에서도 큰 기여를 할 것이다.

인쇄시설을 제외한 냉각 시스템·콤푸레셔 등의 각종 부대시설과 자동창고 시스템을 국내업체로부터 공급·설치함으로써 국내 관련기술의 발전을 도모하고 투자비용을 절감시켰다.

보안시설 또한 완벽하게 구축하고 있다. 공장동 입구에서부터 보안문(Speed gate, 금속탐지문)을 통해 출입해야 하며, 모든 작업장은 카드

---

79) Optical Variable Device : 보는 각도에 따라 모양과 색상이 변하는 위·변조 방지요소

리더를 소지해야만 이동 가능하다. 주요 작업장에는 지문인식 시스템을 도입해 입·출자가 관리, 기록된다. 모든 작업장은 감시 카메라가 24시간 가동되어 물샐틈 없이 감시됨은 물론이다.

특히 자동창고 시스템은 생산과정에 있는 재공품의 관리를 전산화시키고, 제품적재 및 출하 과정도 무인운반 시스템(LGV[80])에 의해 자동화됨으로써 신속한 배송과 보관비용의 절감이 가능하다. 따라서 가격경쟁력 향상은 물론 고객 서비스 부분도 크게 개선되리라 기대한다.

현재 2005년 8월 정상가동을 목표로 은행권 생산시설 현대화사업이 순조롭게 진행되고 있다. 이 시설이 정상 가동하는 날, 한국조폐공사는 조폐시장의 세계적 추세에 부응하고 고객이 원하는 고품위 제품을 완벽하게 제조·공급할 수 있는 조폐기관으로 거듭날 것임을 믿어 의심치 않는다.

제지시설 업그레이드

세계 대부분의 나라는 자국의 지폐를 자체적으로 인쇄해 사용한다. 자국에서 필요한 지폐를 공급할 수 있는 인쇄기를 설치해 인쇄를 하는 것이다. 그러나 지폐를 인쇄하는 특수종이(은행권용지)는 쉽게 만들 수 없다.

---

80) Laser Guided Vehicle : 레이저에 의해 운전되는 무인운반차량

그 이유는, 제지공장은 규모가 인쇄기와 비교할 수 없을 정도로 커서 하나의 공장을 건설하려면 막대한 투자비가 소요될 뿐 아니라, 종이는 온도와 습도에 따라 신축이 심해 열대지방에서는 생산이 어렵다. 이와 같은 여건으로 세계의 은행권용지 시장은 영국 · 독일 · 프랑스 · 미국 · 러시아 등 몇 나라에서 독점하다시피 하는 실정이었다.

우리나라도 1959년까지 은행권용지를 수입했으나, 1983년 이후부터는 필리핀 · 인도네시아 · 태국 등에 수출함으로써 기존의 유럽 제지 수출국들과 경쟁해 우리의 제지기술력을 세계적으로 인정받고 있다.

세계의 은행권용지 시장은 넓으나 용지 수출국가는 우리나라를 포함, 10여 개국 밖에 되지 않음을 감안할 때 앞으로 우리의 기술개발과 수출노력 여부에 따라 용지의 수출 시장은 얼마든지 개척할 수 있는 분야라고 말할 수 있다.

그렇지만 기존의 수출국들이 남아도는 잉여시설을 활용하기 위해 수입국에게 수출업체만이 가진 특수기술을 적용하도록 유도하고, 덤핑 수출도 불사하면서 기존의 수출 시장을 지키기 위해 필사적인 노력을 하고 있다.

치열한 국제 경쟁 속에서 경쟁상대보다 현저한 가격경쟁력이나 품질경쟁력 없이는 세계시장을 새롭게 개척하기란 쉽지 않다.

그러나 우리의 제지공장은 1993년 설치된 제지시설이 장기간 사용으로 노후되고 위조방지기술을 적용할 수 있는 기능이 적어 저가격 · 고품질로 경쟁하는 수출 시장에 뛰어들기란 역부족이었다.

이러한 필요성에 따라 위조방지 요소를 종이 속에 넣을 수 있는 환망과 포머(Former)로 구성된 특수장치가 설치되었다. 생산속도도 지금

보다 39% 향상되어 품질과 가격경쟁력을 갖춘 특수용지의 생산이 가
능해졌다. 그 결과 국내의 은행권용지와 제반 유가증권용지를 안정적
으로 제조·공급할 수 있게 됨은 물론, 수출 시장 개척을 통한 경영개
선에도 크게 기여할 것이다.

내가 가지고 있는 것이 위조지폐?

만원권에 새겨진 왼쪽 점자, 세종대왕 초상 및 오른쪽 아랫 부분 10000자가 볼록 인쇄(凹版)되어서, 손으로 만져보면 볼록한 느낌이 전해진다.

또한 빛에 비추어보면 왼쪽 하얀 면에 또 한 명의 세종대왕이 나타나며, 초상 옷깃 부분에 태극 모양의 돌출 은화가 있다.

이와 더불어 왼쪽 아래에 있는 점자는 시변각 잉크를 사용해 보는 방향에 따라 황금색에서 연두색으로 바뀐다.

오른쪽 위 모서리에 인쇄된 용머리 점은 뒷면 왼쪽에 인쇄된 용머리 점과 정확히 일치한다. 이 부분이 일치하지 않으면 위조지폐가 확실하다.

물시계의 아래 부분에 '한국은행' 이라는 아주 작은 글자가 반복 인쇄되어 있다. 이 글자는 눈으로 아주 자세히 들여다봐야 보일 만큼 작게 인쇄되어 있다.

현재 유통되고 있는 만원권 종류

현재 유통되는 만원권은 모두 3종류다. 1983년 10월 8일부터 발행된 「다」 만원권, 1994년 1월 20일부터 발행된 「라」 만원권, 2000년 6월 19일부터 발행된 「마」 만원권이다.

만원권 종류별 특징

- 「다」 만원권은 아날로그 컬러 복사기에 의한 위변조를 방지하기 위해 은화, 요판 인쇄, 형광잉크, 앞뒤판 맞춤이 적용된 은행권이다.

- 「라」 만원권은 디지털 컬러 복사기에 의한 위변조를 방지하기 위해 「다」 만원권에 부분노출은선, 요판잠상, 미세문자, 광간섭 무늬를 보강한 은행권이다.

- 「마」 만원권은 은행권 분리 및 컬러 프린터 등 컴퓨터에 의한 위변조를 막기 위해, 보강 요소로 노출은화와 시변각 잉크를 적용했으며, 한국은행 저작권을 표시했다.

고객은 황제,
'조폐보국'은 우리의 존재 이유

고객을 만족시키지 못하는 기업은 존립 자체를 보장할 수 없는 경영환경으로 변했고, 우리 공사도 경영환경에 부응해 꾸준히 고객만족을 위해 노력해 공기업 고객만족도 조사에서 상위권을 유지할 수 있었다.

고객만족경영 체제로 전환

고객만족경영

우리 공사는 화폐의 안정적 제조 및 공급을 위해 국가적 차원의 공공사업을 목적으로 설립되었으므로 수요처의 대부분이 공공기관이다. 따라서 얼마 전까지만 해도 수요처가 요구하는 시방대로 제품을 제조해 납기를 준수하는 것이 가장 큰 목표였다. 경영 자체도 이러한 목표 달성에 초점을 맞추어 왔었다. 그러나 고객을 만족시키지 못하는 기업은 존립 자체를 보장할 수 없는 경영환경으로 변했고, 우리 공사도 경영환경에 부응해 꾸준히 고객만족을 위해 노력해 공기업 고객만족도 조사에서 상위권을 유지할 수 있었다. 그러나 이러한 일면에는 고객만족을 위한 노력이 피동적이었던 점도 적지 않았다. 진정한 고객만족경

- 체계적인 CS Vision 수립 및 추진계획 마련
- CS 추진을 위한 전담조직 구성
- 전략적 고객정보관리 시스템 마련 및 고객관계관리방안 마련
- 체계적인 CS 평가 시스템 마련
- 고객지원 센터 개선 및 위변조방지 센터 기능 개선

영을 위해 체제정비 및 직원들의 마인드 조성이 절실히 필요한 시기라고 판단했다. 이를 위해서 기업이념을 새로 제정하면서 우리 공사가 추구하는 최고의 가치를 '고객의 가치창출'로 설정했다. 이 가치를 구현하기 위한 CS 전략방향을 설정하고 고객만족경영 체제로 전환했다.

CS 전략

그 동안 우리 공사는 CS[81] 경영을 위한 장단기 계획이 품질개선 및 기술개발에 치우쳐 있었을 뿐 아니라, 구체적인 실행계획이 미약하고 CS 추진을 위한 전담조직이 없어 고객만족을 위한 전사적인 활동을 총괄할 수 없었다.

설정된 CS 전략방향에 따라 CS 비전을 '고객에게 인정받는 21세기

---

81) Customer Satisfaction : 고객만족

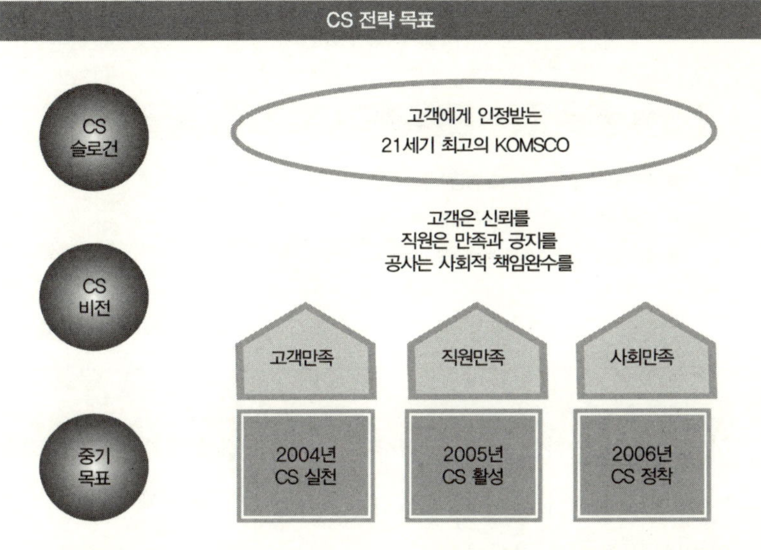

최고의 KOMSCO'로 정하고 2004년에는 CS 실천기로 CS 추진 전담조직 구성, 전략적 고객정보관리 시스템 구축, 서비스 이행표준의 성실한 이행 및 체계화된 CS 평가 시스템을 마련했다. 2005년은 CS 활성화기로 직원 간 커뮤니케이션 활성화를 통한 CS 문화조성, 고객관계관리방안 마련, 기업 이미지 개선 등을 추진할 것이다. 2006년에는 CS를 완전히 정착하기로 하고 고객만족을 위한 품질관리체계 개선, 고객불만해결 프로세스 개선, 고객지원 센터 및 위변조방지 센터 기능 개선 계획을 수립해 추진 중이다.

CS 전담조직을 사장 직속으로

CS는 '경영혁신' · '윤리경영'과 함께 가장 중요한 경영핵심이다. 따

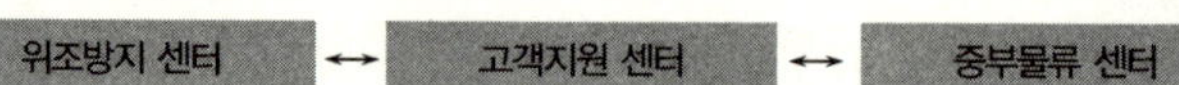

라서 사업이사 산하에 두었던 CS팀을 혁신경영팀에 흡수해 사장 직속으로 편제했다. 이는 CS · 경영혁신 · 윤리경영을 사장이 직접 챙기겠다는 의지를 표현한 것이다.

CS 기획업무 · 고객정보관리업무 · CS 평가 및 지원업무 등 CS 업무 전반을 좀더 체계적이고 강력하게 추진할 계획이다. 또한 3C4C로 일컬어지는 3개의 센터(위조방지 센터 · 고객지원 센터 · 중부물류 센터)를 구축해 위조방지 센터에서는 위변조 감정업무, 고객지원 센터에서는 고객불편사항 처리, 중부물류 센터에서는 중부권의 수표, 여권류의 배송업무를 개선했다.

조직의 신설과 더불어 고객의 요구사항이나 불만사항을 처리하기 이전에 우리가 제조하는 제품의 품질을 완벽하게 생산하는 것이 우선되어야 하므로 종전의 조직 라인에 포함돼 있던 본사와 각 조폐창의 '품질관리부'를 '품질관리팀'으로 독립 · 승격시켰다. 본사는 기술이사 직속, 조폐창은 창장 직속 부서로 편제해 품질관리에 관한 한 전권을 가지고 업무를 추진할 수 있도록 했다. 품질상의 문제가 발생할 경우에는 작업을 중지시킬 수 있는 권한까지 부여했다.

전략적 고객정보관리 시스템 구축

고객의 정보를 경영계획이나 마케팅 전략 수립에 활용하기 위해 고객과 접점 업무 담당자로부터 수집된 고객 관련 정보를 통합 DB에 입력하도록했다. 이에 따라 입력된 고객정보·고객요구·불만사항은 CS팀에서 분석·관리할 수 있도록 전략적 고객정보관리 시스템을 구축했다. 이러한 고객정보관리 시스템을 통해 분석된 결과는 본사와 각 조폐창에서 실시간 확인할 수 있으며, 각종 경영계획수립이나 제품과 서비스 품질개선을 고객 지향적으로 추진할 수 있게 되었다.

이러한 시스템 구축으로 종전의 화폐·수표·주화·여권 등 사업에서 차지하는 비중이 높은 제품의 불만과 요구사항 해결을 위한 고객만족 활동에서 기타 제품 고객에 대한 체계적인 정보수집이 가능하게 되었다.

이러한 고객정보관리 시스템은 고객의 요구 및 불만사항을 처리하기 위한 공사 품질 및 프로세스 개선에 중점이 되어 있었다. 그러나 공사의 신규 사업 진출에 걸맞은 고객관리 시스템이 필요했다. 즉 잠재고객의 구매 패턴을 분석해 구매의욕을 불러일으킬 수 있도록 하는 고객관리 시스템이 필요했던 것이다. 그렇다고 해서 무턱대고 시스템부터 도입할 수는 없는 것이다. 우선 고객관련 DB부터 구축하기로 하고 작업을 추진했다.

CRM 구축을 위한 고객정보 DB구축

CRM이란 보유하고 있는 고객정보 데이터베이스를 활용해 고객의 구매패턴에 맞는 마케팅을 기획·실행하는 것이다. 즉 선별된 고객으로부터 수익을 창출하고 고객관리를 가능케 하는 솔루션을 말하며 고객과 1:1 마케팅을 지향한다. 우리 공사는 주로 기관고객을 상대로 사업을 영위해 왔으므로 CRM 구축이 시급하지 않았다. 그러나 향후 신규 사업 진출과 관련해 정교한 마케팅 기법의 도입이 필요한 시점이었다.

우선 고객관련 DB 구축을 완료하기로 하고, 영업개발부문, 화폐 및 유가증권 사업부문 등 각 부문별로 산재한 고객정보 데이터베이스 구축을 추진했으며, 2006년에 CRM시스템 도입을 계획하고 있다.

KOMSCO 서비스 이행표준

KOMSCO 고객헌장의 기본정신은 화폐, 유가증권 등을 제조함에 있어 정성과 혼을 담은 고품위 제품을 창출하며, 고객이 믿고 제품제조를 맡길 수 있도록 완벽한 보안관리를 유지한다. 즉 누구나 손쉽게 진위를 식별할 수 있도록 최첨단 위변조 방지기술 연구개발에 최선을 다하겠다고 선언한 것이다.

이러한 고객헌장 정신에 따라 직원들의 근본적인 마인드 형성 및 의식변화에 주력해 부서장들은 지속적으로 고객 서비스 헌장을 직원들에게 교육하도록 했다. 또한 고객만족경영의 필요성과 고객 서비스 이행에 대한 이해를 높이고자 외부초빙 교육을 지속적으로 실시하고 있다.

이러한 교육과 더불어 고객접점부서에 대한 친절교육 및 고객응대 요령을 반복교육시켰다. 수십 년 동안 내려오던 무표정을 밝은 미소로, 불친절을 친절로, 방문객을 고객으로 바꾸어놓았다. 이를 더욱 철저히 추진하기 위해 친절교육 실시 등을 부서 MBO로 설정해 관리하고 있다.

- 고객을 위한 경영활동 영위
- 고품위 제품을 완벽한 보안관리로 공급
- 쉽게 식별할 수 있는 위변조방지기술 개발
- 고객의 불편은 신속한 개선과 실질적인 보상
- 고객만족을 위한 서비스 이행
- 표준 설정 및 성실한 이행
- KOMSCO 서비스 이행표준

CS를 평가하다

우리 공사 제품 및 서비스를 받는 고객에게 다양한 제안 또는 불평불만 정보를 수집해 고객의 아이디어는 정책에 반영하고, 비효율적인 부분은 개선하는 모니터 제도를 도입했다.

제도의 도입취지는 모든 일을 고객의 입장에서 처리함으로써 궁극적으로 우리 공사 제품 및 서비스 질을 높여 고객이 감동할 수 있도록 하는 고객지향 경영이다. 이를 위해서 업무실명제를 실시해 담당업무에 대해서 3회 이상 고객불만족이 나타난 경우 담당부서에 불이익을 주고, 잘 된 사항에 대해서는 '종합성과보상규정'에 기초해 공사 최고의 포상을 하도록 했다. 또한 고객의 요구사항은 전직원이 공유하고 실천해야 고객 지향적인 마인드가 형성된다. 그래서 공사 인트라넷에 '고객의 소리' 난을 신설하고 공유하도록 한 것이다.

'자체 고객만족도 조사'를 정기적으로 실시해 고객 서비스의 이행 상태를 점검하고, 그 결과를 정기적으로 공시하고 있다.

고객의 마음 속으로

고객의 마음을 움직여라

문전공급방식 배송

제품공급방식을 살펴보면 종전에는 주문한 고객이 직접 제조처인 경북 경산에 있는 경산조폐창까지 와서 제품을 인수했다.

제품을 주문에서 배송까지 책임진다는 취지 아래 제품을 고객이 원하는 장소까지 배송하는 문전공급방식(door to door)을 채택함으로써 먼 거리까지 와서 제품을 인수해야 하는 고객의 불편을 제거했다.

이러한 문전공급방식을 수표, 여권, 증채권에 대해 지속적으로 시행한다. 특히 수표는 금고 안까지 배송해 주는 시스템으로 확대했다.

고객과의 토론을 통한 고객만족 추구

우리 공사는 제품에 대해 한발 앞서 고객의 요구와 불만을 찾아내고, 문제해결을 위해서 토론을 실시하고 있다. 예컨대 제품별로 고객을 초청해 세미나를 개최하는 한편, 고객에게 생산공정 및 작업현장을 보여줌으로써 고객이 공사제품에 대한 이해의 폭을 넓힐 수 있는 대화의 장을 마련해 시행 중이다.

인터넷 기반 고객만족 시스템

인터넷 민원 시스템 개발

인터넷 중심, 고객중심의 사회적 환경변화에 맞게 업무 프로세스를 개선하고 정보 시스템을 통한 고객 서비스 개선을 위해 노력했다. 각종 증명서 등 민원처리 시스템을 개발하고 공사 홈페이지를 통해 서비스를 제공함으로써 종전의 전화, 팩스 및 방문 신청의 번거로움을 제거했다.

인터넷 채용 시스템 도입

채용공고관리, 입사지원서 작성, 채용접수 현황관리를 홈페이지를 활용함으로써 입사지원자의 편의성을 높이고 채용관리의 효율화를 기했다.

홈페이지 설문조사를 통한 니즈 조사

홈페이지에 접속하는 고객들로 하여금 은행권 정보, 화폐박물관 등 설문조사를 통해 홈페이지를 업그레이드하고, 화폐박물관 사이버 투어 패키지를 개발해 운영하고 있다.

구성원이 만족하지 못하는 조직은 미래가 없다

고객만족의 시작은 내부고객

기업이 변화와 혁신을 지속적으로 추진하기 위해서는 조직원들의 의지가 관건이 된다. 또한, 직원들이 이러한 의지를 지속적으로 유지할 수 있도록 의식변혁 운동과 함께 직원들이 직장에 만족하고 내집같이 느낄 수 있도록 해야 한다. 이러한 의미에서 보면 직원은 기업이 지향하는 또 하나의 고객 즉, 내부고객인 것이다.

내부고객과 외부고객의 만족도 사이에는 90% 이상의 상관관계가 있다는 조사결과도 있듯이, 내부고객의 만족 없는 외부고객 만족은 어려운 일인 것이다.

조폐인으로서의 자긍심

공기업으로서 급여수준이나 복지수준을 직원들이 모두 만족하는 수준으로 해줄 수 없다. 그러나 이러한 물질적 만족도 중요하지만 조폐공사에 근무한다는 것을 자랑스럽게 여길 수 있도록 여러 가지 지원은 필요하다.

그래서 '자랑스런 조폐인', '품질 명장', 'KOMSCO 리더스 그룹' 등으로 자긍심 고취에 최선을 다해왔다. 현재의 경영의 어려움을 극복하면 더욱더 자긍심을 고취시킬 수 있는 각종 지원을 아끼지 않을 것이다.

매주 수요일은 가정의 날

가정은 재충전의 장소로서 가정이 화목해야 모든 일이 이루어진다(家和萬事成). 그러나 직장이라는 곳은 가정에 충실하고 싶어도 힘든 곳이다. 그래서 직원들의 건강을 증진하고 재충전의 기회를 갖도록 매주 수요일 '가정의 날'을 정해 근무시간 이후에는 강제적으로 퇴근하도록 배려했다.

좋아하는 일을 하자

하고 싶은 일에 몰두하면 스트레스 해소는 물론 생활의 활력이 생겨난다. 이러한 취지에서 본사를 비롯해 각 조폐창에서는 등산 · 달리기 · 골프 · 난초 · 야구부 등 동호회를 별도로 구성해 운영한다.

연령층의 특성에 맞게 야구장, 배드민턴 코트 등이 설치되어 있어 점심시간이나 퇴근 후에 직원 스스로가 좋아하는 운동이나 취미생활을 통해 일상의 스트레스를 날려버릴 수 있는 것이다.

특히 젊은층으로부터 폭발적인 인기를 끌고 있는 인라인 스케이트는 중년층까지 참가해 직급을 떠나 허심탄회한 대화의 장이 되기도 한다.

이러한 동호회 활동 경비를 지원해줌으로써 자기개발과 스트레스 해소에 기여하고 활기찬 직장생활을 이끌고 있다.

직무 만족도와 조직 몰입도

매년 1회씩 직원을 대상으로 직무 만족도와 조직 몰입도를 조사하고 있다. 이는 직원의 의견을 수렴해 경영전략에 반영함으로써 직원의 역량을 결집하고 동기를 부여하기 위한 조치다.

2004년에도 전직원의 30%에 해당하는 443명을 대상으로 '28문항 5점 척도형'으로 조사를 했다.

조사결과 대부분의 직원이 현 직무에 보람을 느낀다고 대답했으며 다른 직무로 이동을 희망하는 직원이 전년에 비해 많이 감소한 것으로 나타났다. 그리고 직원 상호간 신뢰·업무협조·업무에 대한 책임감은 많이 높아졌으나, 커뮤니케이션 활성화를 위한 노력이 더 필요한 것으로 조사됐다.

직원들은 임금 수준에 대체로 만족하나, 승진에 대한 불만은 여전했다. 일반직원에 비해 간부직원의 수가 워낙 적다 보니 해결 방법 또한 마땅하지 않아서 난감하지 않을 수 없었다.

직원들은 대체로 우리 공사를 일하기 좋은 회사로 인식하고 있으며, 조직 분위기에 대한 만족감과 애사심·소속감도 상당히 높았다. 그러나 공사의 장래에 대해서는 많은 걱정을 하고 있는 것으로 나타났다.

결론적으로 대부분의 직원이 만족하고 있으나, 승진에 관한 불만과 공사 장래에 대한 걱정을 운영진이 어떻게 해결해야 할 것인지 깊이 고민하지 않을 수 없다.

300억 원 태우기

"황금 보기를 돌 같이 하라"는 말이 있다. 이는 청렴결백하기로 유명한 최영 장군의 말이다. 최영 장군은 죽을 때 이렇게 말했다고 한다. "내가 평생에 탐욕한 마음을 조금이라도 가졌다면 무덤 위에 풀이 날 것이나, 그렇지 않았다면 풀이 나지 않을 것이다." 과연 뒷날 그의 무덤 위에는 풀이 나지 않았다고 한다. 이런 이유로 최영의 무덤을 적분이라고 불렀다.

우리 공사에서도 은행권을 제조하다 보면 잘못된 제품이 나오는데, 이러한 불량 제품을 손지(損紙)라고 부른다. 은행권 손지는 1년에 약 36톤 발생한다. 만원권 1장의 무게를 약 1g 정도로 계산하면 3,600억 원이다. 이것은 전량 소각된다. 한 번 소각할 때의 무게는 약 3톤 정도로 금액으로 환산하면 300억 원에 해당한다.

우리의 미래상

우리 공사는 이제까지 세계적인 기업으로부터 기술과 경영을 배우면서 성장해 왔다고 해도 과언이

아니다. 그러나 이제는 스스로 세계조폐기술을 선도해야 하는 시점에 서 있다.

매출규모 및 사업구조

2002년도를 기점으로 매출액이 감소세로 돌아서기 시작했다. 2,000억 원을 웃돌던 매출액은 1,900억 원대로 주저앉았으나 비용은 줄지 않았다. 이러한 경영상황을 타파하기 위해서는 신규 사업 발굴이 절대적으로 필요했다. 그러나 신규 사업도 새로운 시각으로 찾아야 했다. 지금까지 우리 공사의 신규 사업은 우리가 가지고 있는 역량을 바탕으로 추진하고 있었다. 이러다 보니 큰 성과를 거두기가 어려웠다. 그래서 우선 우리가 해야 할 일이 무엇인가를 생각하고, 우리가 해야 한다면 거기에 필요한 역량을 확보하면 될 것이라고 생각했다.

바로 종전의 신규 사업추진 발상 '현 보유자원 및 역량으로 사업기회발견'을 '선(先) 사업기회 발견 후(後) 보유자원 및 역량 확보'로 바꾸어 신규 사업을 발굴했다.

신규 사업

"창조적인 것에 도전하고 쟁취하려는 불굴의 정신으로 내일을 준비하자"는 말이 있다.

끊임없는 변화와 혁신을 통해 체질을 강화하고, 창의와 도전으로 신규 사업에 진출하고자 전략경영계획 'VISION 2010'을 새롭게 수립했다. 이러한 계획을 실행하는 데에는 수많은 장애가 곳곳에 도사리고 있을 것이다. 그러나 우리 공사의 존립 이전에 전직원의 운명이 걸려 있는 문제다. 우리 앞에 놓인 모든 장애를 헤쳐나갈 수 있다는 자신감으로 일을 수행해 나간다면 현재 약 2,370억 원대의 매출규모에서 2010년에는 3,580억 원대의 매출액을 달성할 수 있을 것이다.

사업구조를 살펴보면 은행권·주화·수표 등으로 구성된 기본사업은 현재의 90%에서 80%로 조정될 것이며, 신규 사업 비중이 현재의

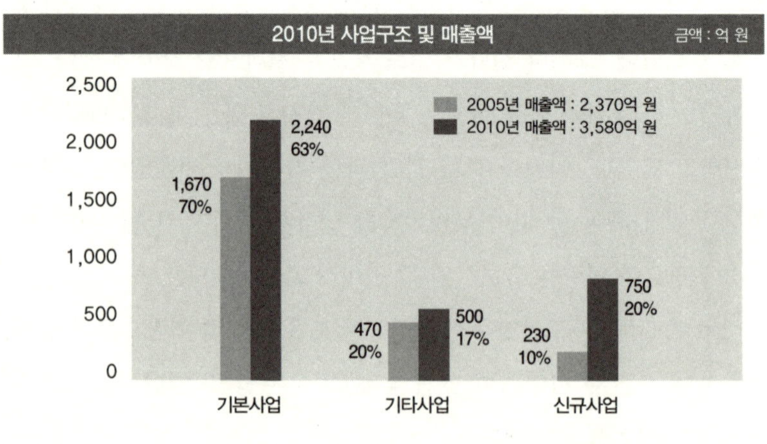

10%수준에서 20% 수준으로 높아질 것이다.

신규 사업은 스마트카드 사업, 브랜드 사업, 보안요소사업 및 인식기기 사업을 계획하고 있고, 일부는 이미 추진 단계에 있다.

카드 사업은 부임 이래 차세대 사업으로 지속적으로 추진해 온 프로젝트다. 이는 전자화폐 제조에 필요한 기술을 확보한다는 의미이며, 화폐제조기관으로서 전자화폐를 제조하는 일이 우리의 본래 임무인 것은 두말 할 나위가 없다. 향후 카드 사업은 민간부문보다는 고도의 보안을 요구하는 국가적 신분증 사업으로 특화할 것이다.

또한 스마트카드 제조업체로 단순 카드 제조뿐 아니라, COS[82] 및 key관리 시스템[83]을 개발할 것이고, 2009년에는 통신용 스마트카드 개발, 이어 2010년에는 광카드까지 개발할 것이다. 그리하여 국내 스마트카드 제조 및 솔루션의 리더로서 입지를 굳힘은 물론, 연간 310억 원 이상 제품매출을 올릴 계획이다.

국내 유일한 제권기관이며 최고의 공신력을 자랑하는 한국조폐공사, 즉 KOMSCO의 브랜드 가치는 금액으로 환산될 수 없을 만큼 크다. 이러한 공신력을 바탕으로 발굴해 낸 사업이 브랜드 사업이다.

귀금속은 순도에 따라 가격이 달라지고, 특히 보석(寶石)은 등급에 따라 가격이 천차만별이므로 공신력 있는 기관이 감정을 해야 한다. 감정서 또한 위변조를 근본적으로 차단할 수 있도록 위변조방지 요소

---

82) 칩 운영 시스템 : Chip Operating System
83) 공개 키 기반구조에서 전자서명 생성 키를 안전하게 관리하는 방법 중 하나

KOMSCO 브랜드 사업 추진 일정

1단계 (2005~2006년)	2단계 (2006~2008년)	3단계 (2009~2010년)
· 귀금속 인증 사업 · 특수 압인물 사업	· 귀금속 인증 사업 · 특수 압인물 사업	· 귀금속 인증 사업 · 보석류 감정 사업 · 특수 압인물 사업
	· 보석류 감정 사업	
		· 주얼리 판매 사업

기술을 삽입해야 소비자들을 보호할 수 있다. 그래서 우리가 귀금속 인증이나 보석감정사업을 추진하는 것이다.

또한, 우리가 가지고 있는 압인기술을 바탕으로 국보급 조형물을 축소해 생산하는 것을 비롯 전통 예술품을 상품으로 재현해 문화창달에 기여할 것이다. 이러한 사업은 공기업으로서 기본사명을 완수함은 물론, 새로운 사업으로 자리매김해 연간 370억 원 이상의 매출액을 올릴 것이다. 2010년 이후에는 해외 전시전을 개최하며 해외 시장으로 진출할 것이다.

현재 수입에 의존하고 있는 금융자동화기기를 국산화로 대체해 외화유출을 방지하고, 위변조방지 원천기술을 보유하고 있는 공사의 강점 활용해 기기감응성물질(MRF)을 개발해 적용 인식기기 사업의 범위를 각종 금융 자동화 기기로 점차 확대하는 것이다.

이 사업은 국책연구사업으로 추진된 ATM 은행권 인식 모듈과 자판

기인식 모듈 및 위폐감별기는 2008년부터 사업이 본격화될 것이며, 신분증 식별기도 2010년에는 널리 활용될 것이다.

이러한 사업화 결과는 2010년 이후 연간 150억 원 정도의 매출증대로 연결될 것이다.

보안요소 사업은 크게 DOVID 사업과 은화용지 사업으로서, DOVID는 은행권 위변조방지 요소로 적용하고 2009년까지 원판제조 기술을 확보한 후에 고급 보안용 라벨이나 상품권 등으로 사업을 확대할 계획이다. 또한 2010년에는 해외수출을 시작해 새로운 수출품목으로 육성할 것이다. 이렇게 함으로써 2010년 이후 140억 원 정도의 매출을 올릴 것이다.

은화용지 사업은 위조를 막을 수 있는 보안용지 원외처방전, 국가기술 자격증 및 인감증명서에 적용하는 사업을 말한다. 이를 위해 2006년까지 사업기반을 구축하고 2007년부터 본격적으로 사업을 추진해 2010년에는 230억 원 정도의 매출증대가 기대된다.

이러한 신규 사업 추진에 따른 사업방법도 현재의 대량생산 방식에서 기본제품 외에는 고객의 니즈에 맞는 다품종 소량생산체제로 전환될 것이다.

수출은 전통적인 주화나 제지중심에서 벗어나 극인 · 잉크 · 제판 등 조폐산업 전반으로 확대될 것이다. 2010년 이후 국내에서 다진 KOM-SCO 브랜드는 세계의 브랜드로 발전해 세계에서 인정받는 KOMSCO가 될 것이다.

세계 최고 수준의 화폐 생산시설

현대적 생산시설 구축으로 고품위의 은행권을 안정적으로 공급할 수 있으며, 최적의 생산시설 레이아웃, 자동화창고 구축, 이와 더불어 잉크 제조시설을 도입해 설비를 선진화하고, 전자조각기 및 요판조각시설을 도입해 인쇄시설 전 라인에 걸친 명실상부한 선진생산 시스템을 갖추게 될 것이다.

또한, 위변조 방지를 위해 스크린 인쇄기, 시변각물질 부착기를 도입하고, 2008년에는 레이저 천공기[84]를 도입해 위변조를 원천적으로 차단할 계획이다.

또한 제조공정에 바코드를 도입해 계수공정이 생력화되는 공정의 개선은 물론, 생산관리 시스템의 획기적인 발전의 전기가 마련될 것이다. 제품 투입부터 완공까지 하나의 시스템으로 이루어지는 자동화와, 컴퓨터로 확인되는 컴퓨터 통합생산관리 시스템(CIM)[85]이 구축될 수 있는 기반이 마련된 것이다.

또한, 1975년 6월 건축된 경산조폐창 주화동을 신축해 물류운반 시스템을 자동화하여 최적의 주화생산 시스템을 구축할 것이다.

2005년 완료되는 제지시설 업그레이드에 따라 세계 시장에서 유수의 제지생산업체와 경쟁에서 이길 수 있는 기반이 마련되었다.

---

84) 레이저를 이용해 미세하게 구멍을 뚫으므로 위조를 방지할 수 있도록 하는 기계
85) 제조, 개발, 판매로 연결되는 정보 흐름의 과정을 일련의 정보 시스템으로 통합한 시스템

여권은 사진 전사여권의 품질을 확보해 사업이 안정되고 새로운 디자인 및 위변조방지 요소를 채택한 신개념의 여권을 개발하고, 2006년부터는 생체인식 여권을 개발해 여권사업의 주도권을 확보할 것이다.

수출 시장도 제지부문에서 경쟁력을 확보하고 품목을 다변화해 극인, 광가변안료, KOMSCO 브랜드 및 DOVID까지도 수출이 가능할 것이다.

세계 초일류 조폐기술

우리 공사는 이제까지 세계적인 기업으로부터 기술과 경영을 배우면서 성장해 왔다고 해도 과언이 아니다. 그러나 이제는 스스로 세계조폐기술을 선도해야 하는 시점에 서 있다.

미래는 스스로의 기술을 개발해 기술을 빌려주는 기업이 되어야 한다. 기술개발은 의욕만 있다고 해서 하루아침에 이루어질 수 있는 것이 아니다. 현재의 우리를 냉철하게 되돌아보고 미래를 준비해 2010년 이후부터는 기술을 개발·판매하는 기업으로 거듭날 것이다.

그렇게 되기 위해서는 제품제조에 기본이 되는 기저기술과 제품생산 기술을 우선 확보해야 한다. 화공학·기계공학·제지공학 및 디자인은 생산활동과 기술개발의 기초 학문이므로 사내대학 교육을 통해 인재를 육성함으로써 전반적인 생산기술 향상에 기여토록 하고, 조폐 기저기

조폐기술 수준			
구분	2004년	2007년	2010년
기저기술	100%		
핵심기술	75%	100%	
미래기술	65%	80%	100%

술인 용지 · 잉크 · 인쇄 · 제판 · 극인제조 및 카드생산 기술은 연차적으로 확보를 추진했다. 그 결과 2004년에는 세계 유수의 경쟁사와 동등한 수준의 기술력을 확보했고, 은행권용지 · 잉크 · 극인 등을 수출하게 되었으며, 각종 국제 조폐대회에서도 기술력을 인정받았다.

2004년까지 확보된 기저기술을 바탕으로 2007년까지 위변조방지 기술을 선도할 수 있는 핵심기술 3건을 개발해 위변조방지 선도기업으로 입지를 굳히고, 2010년까지 경쟁에서 우위에 설 수 있는 조폐기술 개발을 목표로 핵심기술 5건을 개발할 것이다.

우리 공사는 조폐기술의 잉크 · 제판 · 인쇄 등 모든 것을 독자적으로 개발하는 시스템을 갖추고 있지만, 세계적인 기업은 대부분 한 분야에 특화되어 있다.

예를 들면 세계적인 잉크 제조회사 SICPA는 잉크 부문에 전문적인 연구조직을 갖추고 잉크를 제조하고, 제지회사는 제지에 관한 연구를 하고 있는 실정이다. 현재 우리 공사가 보유하고 있는 연구인력과 시설로서는 조폐기술 모든 분야에서 독자적인 기술개발에 한계가 있다. 이러한 약점을 보완하기 위해 향후 핵심기술 외에는 공동연구, 위탁연

조폐기술 개발 단계

단 계	확대 발전기	지속 성장기
기 간	2005~2007	2008~2010
기본방향	• 사업 환경변화 대비 핵심·미래기술 확보 • e-Security 보안기술 개발	• 조폐 핵심역량 확보 및 강화 • 경쟁우위 조폐기술, 제품 확보
단계목표	• 위·변조방지기술 선도 및 핵심기술 3건 보유 • 핵심인력 확보 • 위·변조방지 선도기업으로 포지셔닝	• 위·변조방지 핵심기술 5건 보유 • 조폐기술 수출 • 매출액 대비 6% 연구개발 투자 • R&D 네트워크 구축

구를 추진할 것이다.

또한 현재의 연구개발조직을 기술연구소와 사업단위 개발실로 분리해 운영할 것이다. 기술연구소는 원천기술 개발에 주력하고 제품제조의 핵심기술은 사업부서와 공동으로 개발토록 할 것이다. 사업단위 개발실은 기존제품 개선이나 모델 변경에 전념하고 현장기술을 지원하게 될 것이다. 제지는 동남아 수출 시장의 주력 품목이며, 국내 제품수요가 제지시설 생산능력보다 적기 때문에 수출은 우리 공사에 무엇보다 중요하다. 제지분야의 위변조 핵심기술과 관련된 기술을 6건 확보할 계획이며, 멀티토널 은화[86] 등 은화부분의 기술을 자체 개발하고, 금속증착형은선[87]이나 시변각은선은 공동개발하거나 위탁개발로 확

---

86) Multi-tonal Water mark : 숨은 그림(은화)을 형성할 때 문양의 형태에 따라 각기 다른 압력을 주어 은화의 색조감과 예술성을 나타낸 것을 말함
87) 플라스틱에 금속을 증착해 은선이 금속처럼 반짝거리도록 만든 것

보할 것이다. 그리고 특수형광은사[88]나 열(熱)이나 빛, 약품에 반응하는 기능성 용지 제조기술도 공동연구로 확보할 것이다. 또한 용지품질 균일성이나 내오염성 문제는 제지시설 보완을 통해 해결할 것이며, 향후 신규 제품 개발에 필요한 소형 초지기를 2007년에 도입할 것이다.

기술 수준		
부 문	관련 분야	수 준
보안 인쇄	• 초정밀 인쇄, 디지털 인쇄 • 레이저 및 CTP 제판기술 • 특수 기능성 잉크	KBA-Giori, SICPA 수준
주화 제조	• 공정 안정화 제어기술 • 주화용 신소재 개발 기술	캐나다 조폐국
보안 제지	• 신소재를 이용한 고강도, 기능성 용지 제조기술 • 공정관리(품질 및 인쇄적성) 기술 • 카드 제조 및 발급 프로그램	Portals 수준
카드 기술	• COS 및 보안 알고리듬, SCMS 등 e-Solution 시스템 공급 기술 • 생체인식(Biometric) 및 시스템 기술	G&D 수준

KBA-Giori[89], SICPA[90], 캐나다 조폐국[91], Portals[92], G&D[93]

88) 은행권의 용지를 만들 때 자외선에서만 볼 수 있도록 가느다란 실을 삽입하는데 자외선에서 여러 가지 색상을 띄게 제조한 은사를 의미
89) 기계감응물질을 의미하며 지폐를 ATM 등 기계장치에 식별될 수 있도록 하는 물질
90) 인쇄기(일반, 특수) 및 제판기술 세계 최고기술 업체(스위스)
91) 세계 최고의 보안잉크 제조기술 보유업체(스위스)
92) 주화 기술개발, 생산 및 품질관리 우수 조폐기관
93) 보안용지 생산기술 및 특허기술을 보유한 세계적 제지업체(영국)

잉크 분야 기술은, 보통 사람들이 식별할 수 있는 광가변 잉크를
2004년에 개발 완료해 세계적인 잉크 전문회사인 SICPA사에 수출하
고 있다. 아울러 제조자를 식별할 수 있는 M-Material[94]을 적용한 잉크
와 적외선전환 잉크는 2007년까지 자체 개발하고 기기가 식별할 수
있는 자성 잉크는 공동으로 개발할 것이다.

---

94) 은행권, 카드(시스템), 용지 및 금융자동화 분야의 세계적 기업(독일)

고객을 위한 끊임없는 헌신

고객만족경영체제가 구축되었더라도 전직원이 지속적인 고객만족을 위한 진정한 마인드가 없으면, 또다시 퇴보할 수밖에 없으며 기업이 존재할 수도 없다. 고객만족은 제조기업으로서 고객이 원하는 제품을 세계 최고의 품질로 공급하는 것이 최우선이며, 고객에게 헌신하겠다는 직원들의 마음가짐과 과학적인 고객관리기법이 삼위일체가 되어야만 가능하다. 그래서 우리 공사가 추구하는 최고의 가치인 '고객의 가치창출'을 위해 전직원이 노력하면 공기업 고객만족도 조사에서 상위권은 물론이거니와 우리 공사의 고객, 전국민, 나아가 세계 모든 국가의 국민이 고객으로 확대될 것이다. 이러한 취지 아래 조직을 고객만족경영 체제로 전환하고 '고객만족', '직원만족' 및 '사회만족'을 바탕으로 '고객에게 인정받는 21세기 최고의 KOMSCO'가 되기 위한 CS 전략을 추진해 왔다.

또한 우리 공사의 가장 소중한 자원인 직원들의 삶의 질은 '세계 일류 조폐기술 기업'에 걸맞게 업계 최고 수준의 급여와 복지후생, 자기개발 기회를 제공하고 이를 통해 직원들의 만족도와 자긍심을 느낄 수 있도록 배려하고 있다.

나아가 기업도 사회의 일원으로서 능동적인 사회공헌 활동을 해야 할 것이다. 우리 공사는 공기업 최초로 윤리경영을 시스템화해 윤리경영을 정착시켰으며, 산업자원부와 산업정책연구원이 우리나라 기업윤리지수를 측정한 평가내용 등을 활용해 정부투자기관에 맞는 윤리경영평가 모델을 개발 · 측정한 결과, 청렴도에서 우리 공사가 세계 1위로 측정되었다. 그러나 여기에 만족하지 않고 윤리경영을 더욱 발전시켰다. 즉 청렴하고 투명한 조직풍토 조성을 위해 '내부공익신고자보호에관한지침'을 시행함으로써 내부적으로 비리가 발붙일 수 없게 되었으며, 기업비리 의혹이 많이 제기되는 물품구매 시스템을 전자조달과 MRO 시스템으로 대체해 명실상부한 투명경영 기업이 되었다. 이와 동시에 기본사명을 완벽히 수행하고 기업으로서의 자생력을 확보해 자타가 공인하고, 고객으로부터 존경받는 KOMSCO가 될 것이다.

세계 일류를 위한 추진동력 개혁

우리 조폐공사는 국가가 부여한 기본사명을 충실히 수행하고 이를 위한 세계수준의 기술개발을 지속적으로 추진해 나가는 동시에 기업으로서 자생력을 갖추어야 한다.

이러한 목적을 달성하기 위해 개혁은 상시적이며, 기업 전반에 걸쳐 자율적으로 추진되어야 한다. 공기업으로서 가장 어려운 부문이 고용제도의 유연성을 확보하는 문제다. 우리 공사는 사업량에 따라 소요인원이 결정되는 구조를 갖고 있어 인력운영은 경영이 가장 큰 애로사항이다. 이러한 장애를 극복하기 위해 직무를 기획·기술 등 분야를 '내부개발직무 그룹', 신규 사업 등 첨단기술 분야를 '외부획득직무 그룹', 일반관리부문을 '공유 그룹', 단순반복직무·감시단속적직무를 '계약직무 그룹'으로 분류하고, '계약직무 그룹'은 단계적으로 아

<table>
<tr><td colspan="3" align="center">인력구조 재편</td></tr>
<tr><td>내부개발직무 그룹</td><td>경영기획 · 핵심기술 · 연구업무</td><td>➡ 교육 · 채용 등 중점 육성</td></tr>
<tr><td>외부획득직무 그룹</td><td>신규 사업 · 첨단기술</td><td>➡ 내부개발 직무 인력으로 대체</td></tr>
<tr><td>공유직무 그룹</td><td>일반관리 · 사업지원</td><td>➡ 계약직무 인력으로 대체</td></tr>
<tr><td>계약직무 그룹</td><td>단순반복업무 · 감시단속업무</td><td>➡ 아웃소싱</td></tr>
</table>

웃소싱을 추진하고 '내부개발직무 그룹'을 발전시켜 '외부획득직무 그룹'을 축소해 나갈 것이다.

이렇듯 직무 재분류와 인력재편을 추진하면서 고용제도의 유연성을 확보하기 위해 '희망휴직제'를 시행했고, 명예퇴직제도를 활성화했다. 여기에 고용안정화를 도모할 수 있는 임금 피크제를 도입할 것이다. 또한 종합성과보상제도에 기초해 열심히 일하는 직원이 우대받는 조직풍토 조성, 승진심사제도 운영, e-HRM에 따른 공정한 인사제도를 확립, 그리고 BSC 성과관리 시스템 운영을 정착해 실시간 평가

전략적 경영 시스템 구축 단계	
2010년	• 전략경영 시스템(SEM) 구축
	• 공급체인 관리(SCM) 구축
2007년	• 통합문서관리 구축
	• 고객관리 시스템(CRM)
	• 판매원가 시스템 구축
2004년	• 경영성과관리 시스템(BSC) 구축
	• 전략적 인적자원관리 시스템(e-HRM) 구축

<table>
<tr><td colspan="2" align="center">2010년 우리의 모습</td></tr>
<tr><td>매출액</td><td>2,370억 원 ➡ 3,580억 원 : 1,210억 원(51%)↑</td></tr>
<tr><td>1인당 매출액</td><td>1.5억 원 ➡ 2.6억 원 : 1.1억 원(73%)↑</td></tr>
<tr><td>자 산</td><td>3,369억 원 ➡ 4,673억 원 : 1,304억 원(38%)↑</td></tr>
<tr><td>부 채</td><td>781억 원 ➡ 672억 원 : 109억 원(14%)↓</td></tr>
<tr><td>영업이익</td><td>97억 원 ➡ 272억 원 : 175억 원(280%)↑</td></tr>
</table>

가 이루어지도록 할 것이다.

직원 스스로도 현재의 단순 생산업무 및 관리업무에서 벗어나 지식근로자로 거듭나야 할 것이다. 이를 뒷받침하기 위해 직원들이 시간의 제약에서 벗어날 수 있도록 배려할 것이다.

이를 가능하게 하는 툴이 바로 정보화다. 2010년까지는 정보 시스템이 전략경영 시스템으로 통합될 것이며, 미래에는 모든 생산과정의 자동화가 가능하도록 끊임없이 공정개선을 추진해야 할 것이다.

이렇게 함으로써 직원들은 시간의 제약에서 벗어날 수 있다. 이를 바탕으로 고부가가치 업무를 수행하며, 세계로 뻗는 KOMSCO의 일원으로서 자긍심을 가질 수 있을 것이다.

은행권 내절도(접었다 폈다 하는 데 견디는 횟수)

- 우리 은행권 : 5,500회 · 미국달러 : 4,000회
- 독일 마르크 : 3,300회 · 일본 엔 : 1,500회
- 영국 파운드 : 1,000회

은행권 인장강도(잡아당겨 찢어지는 정도)

- 우리 은행권 : 10kg
- 미국달러 : 13kg
- 일본 엔 : 8kg

우리나라 은행권 무게

- 만원권 : 1.15g
- 오천원권 : 1.10g
- 천원권 : 1.00g

우리나라 은행권 두께

- 만원권, 오천원권, 천원권 : 0.111±0.008㎜

'변화' 와 '개혁', 시작은 있으나 끝이 없다

이 책을 쓴 2개월 동안은 번민의 시간이었고, 또 반성의 시간이었다. 더 잘 할 수 있었는데 그렇지 못했다는 아쉬움도 많았고, 그래도 주어진 여건에서 최선을 다했다고 스스로 위안을 삼기도 했다.

노사화합을 이루어냈고, 기업문화를 바꾸었다. 사업량 감소에 대응해 전직원이 한마음이 되어 매출액 증대를 위해 노력했고, 새로운 사업영역을 확보하기 위해 조폐기술 개발에 진력했다. 국제조폐기구에서 우리 공사의 위상을 크게 제고했고, 수출도 지속적으로 신장 추세에 있다.

전국 품질분임조 경진대회에서 3년 연속 대통령상 금상, 남녀고용평등 우수기업(대기업부문) 대통령상, 공기업부문 디지털 지식경영 대상, 대한민국 디자인경영 우수상(산업자원부 장관) 등을 수상했다.

국제기구에서도 제22차 세계주화책임자회의 주화품평회 대상, 제9차 정부우표책임자회의 우표 품평회 3개 부문 대상, 제10차 정부우표책임자회의 우표 품평회 다득점상 등을 수상했고, 2008년 제25차 '세계주화책임자회의(MDC)'를 유치했다.

이러한 성과는 우리 조폐인이 한마음으로 뭉쳐 노력을 기울였기에 가능했던 일이다. 이런 의미에서 나는 항상 모든 일은 사람의 문제로 귀착된다는 신념을 가지고 있다. "사람이 어떤 생각을 가지고 어떤 각오로 어떻게 행동하느냐"에 따라 그 결과는 엄청나게 달라지기 때문이다. 사람을 경영하는 것은 누구보다도 한 조직의 장, 즉 리더의 역할이 중요하다는 생각이다. 히딩크 감독이 한국 축구를 월드컵 4강에 올려놓았을 때나 김재박 감독이 프로야구 한국 시리즈 2연패를 차지했을 때, 그들의 리더십을 기업에서 배우려고 했던 것도 이러한 이유 때문일 것이다.

나는 사람을 바꾸는 데 최우선을 두었다.

"내가 사장으로 재임하는 동안에는 인위적 고용조정은 없다"고 선언했다. 사람을 변화시키기 위한 첫 단추였다. 이는 구조조정 과정에서 수많은 동료들이 직장을 떠나는 모습을 보았던 가슴 아픈 기억을 가지고 있는 직원들의 고용불안 심리를 불식시키고, 아울러 더 이상 인위적인 고용조정이라는 불행한 일을 미연에 방지하기 위해서는 사장인 나도 노력하겠지만, 고용조정이 필요 없는 경쟁력을 갖춘 건실한 회사를 만드는 데 직원 모두가 적극 동참해 달라는 당부이기도 했다.

다음은 기업문화의 문제였다.

2004년 2월 10일에는 CI선포식을 갖고 본격적인 기업문화 혁신에 박차를 가했다. 기업이념·비전·슬로건·경영방침·행동강령 등 가치체계를 새롭게 구축하고, 영문 브랜드를 KOMSCO로 바꾸고 CI를 제정했다. 이는 21세기 디지털 경제시대를 맞아 지속적인 '변화'와 '개혁'을 통해 국가경제에 공헌하는 초일류 조폐기업으로 거듭 태어나겠다는 우리 스스로의 다짐이자 국민에 대한 약속이다. 이러한 기업문화를 확산시키기 위해 직원들의 자발적인 의식개혁운동인 파란운동도 전개하고 있다.

현재 조폐시설 현대화 사업이 순조롭게 진행 중에 있고, 2005년 9월쯤부터는 정상적으로 가동할 것이다. 세계 유수의 조폐기관과 비교해도 손색없는 현대 시설을 갖추게 된 것이다. 이 시설이 가동되는 시점에 맞추어 '제2의 창립정신'으로 무장해 국가에 봉사하고, 고객으로부터 사랑받고, 세계로부터 존경받는 선진 조폐기업으로 거듭 태어날 수 있도록 만반의 준비를 다할 것이다.

'변화'와 '개혁'의 시작은 있으나 끝은 없다. KOMSCO는 미래 성장동력을 창출하기 위해 쉼없이 매진할 것이다.

●

벼랑끝에서 기적을 이루다

●

지은이 / 박원출
펴낸이 / 김경태
펴낸곳 / 한국경제신문 한경BP
등록 / 제 2-315(1967. 5. 15)
제1판 1쇄 인쇄 / 2005년 3월 5일
제1판 1쇄 발행 / 2005년 3월 10일
주소 / 서울특별시 중구 중림동 441
홈페이지 / http://bp.hankyung.com
전자우편 / bp@hankyung.com
기획출판팀 / 3604-553~6
영업마케팅팀 / 3604-561~2, 595
FAX / 3604-599

●

ISBN 89-475-2520-0

●

값 12,000원

파본이나 잘못된 책은 바꿔 드립니다.